きせかえ
動物あみぐるみ

ザ・ハレーションズ 編

日本文芸社

CONTENTS

Step 1

きせかえ遊びのように
組み合わせを楽しむ ------- 3

Kisekae

動物たち8種 ------------- 4

アウター&トップス21種 ---- 6

ワンピース&ボトムス19種 -- 8

小物28種 ---------------- 10

カジュアルコーデ --------- 12

フェミニンコーデ --------- 13

スポーティコーデ --------- 14

サマーコーデ ------------- 15

ウインターコーデ --------- 16

Step 2

シーンを作って
ビジュアルを楽しむ -- 17

ショッピング --------- 18

ハロウィン ----------- 20

クリスマス ----------- 22

ニューイヤー -------- 23

イースター ----------- 24

キャンプ ------------- 26

赤ずきんちゃん ------- 28

雪の女王 ------------- 29

カンフーマスター ----- 30

ラテンミュージシャン -- 31

マンガ家 ------------- 32

ベリーダンサー ------- 33

How to make

あみぐるみの基本レッスン ----------------- 34

基本形・クマ（ハニー）の作り方 --------- 39

リス（ベル）の作り方 ----------------- 41

トラ（ジュリー）の作り方 ------------- 43

ウサギ（リリー、マリー）の作り方 -------- 44

イヌ（ラテ）、ネコ（ノア）の作り方 ------- 46

パンダ（リンダ）の作り方 ------------- 47

● 編み目記号表は最後のページにあります。
● 印刷物のため、現物と色が異なる場合があります。
● 糸や道具、材料の表記内容は、2023年7月現在のものです。

※ 動物のしっぽは、洋服の上から付けられるようにブローチピンを付けています。
　 お子さんが遊ぶ場合は、十分お気を付けください。

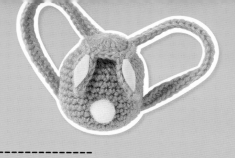

Step

1

------------ ------------

きせかえ遊びのように
組み合わせを楽しむ

懐かしい紙のきせかえ遊びの要領で、
各動物、アイテムのページをコピーしハサミでカットして、
ツメを折って動物にセット。
気に入ったコーディネートから編んでみましょう。

折る

切る

set

That's a cute outfit!

※動物とアイテムがぴったり合わない場合があります。
コーディネートの参考として楽しんでください。

Kisekae

Noah
クロネコのノア
» p.46
高際有希

Linda
パンダのリンダ
» p.47
Miya

Marie
立ち耳ウサギの
マリー
» p.44
andeBoo

Honey
クマのハニー
» p.39
Miya

Nice to
mee

4

Animals 動物たち8種

Lily
たれ耳ウサギの
リリー
» p.44
andeBoo

Bell
リスのベル
» p.41
Miya

Julie
トラのジュリー
» p.43
ミドリノクマ

Latte
イヌのラテ
» p.46
高際有希

you.

Kisekae

1 » p.48

2 » p.51

3 » p.55

4,5 » p.57

6 » p.59

7 » p.59

8 » p.60

9 » p.62

10 » p.62

11 » p.64

14 » p.67

12 » p.65

13 » p.66

16 » p.66

19 » p.69

17 » p.66

21 » p.58

15 » p.67

20 » p.69

18 » p.68

Kisekae

22 » p.50

24 » p.53

23 » p.51

34 » p.72

25 » p.54

26 » p.56

27 » p.61

28 » p.61

30 » p.48

29 » p.62

31 » p.70

32 » p.70

33 » p.71

35 » p.73

36 » p.56

37 » p.73

38 » p.74

39 » p.75

40 » p.76

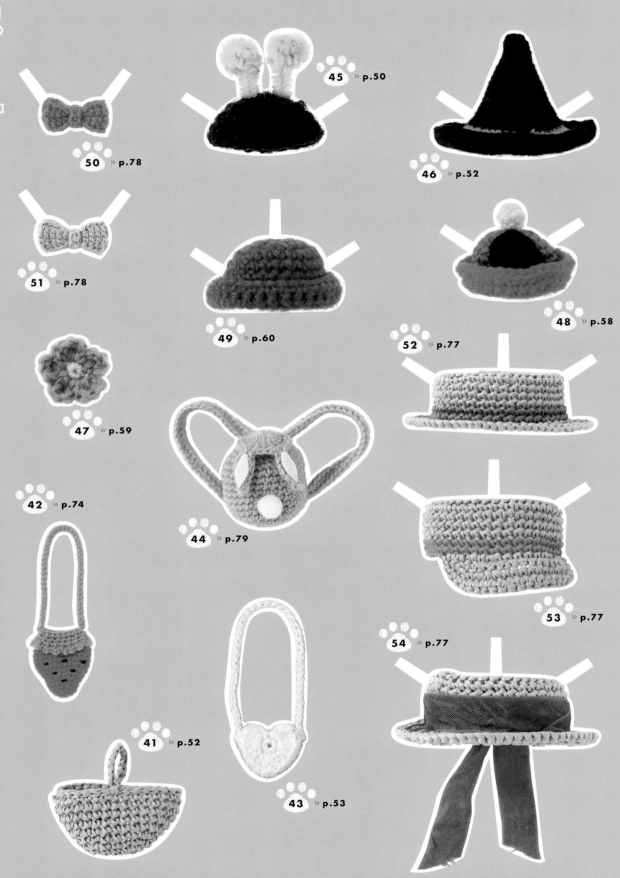

50 » p.78

45 » p.50

46 » p.52

51 » p.78

49 » p.60

48 » p.58

47 » p.59

52 » p.77

42 » p.74

44 » p.79

53 » p.77

54 » p.77

41 » p.52

43 » p.53

55 » p.63

58 » p.49

57 » p.75

56 » p.75

59 » p.71

63 » p.61

67 » p.78

64 » p.54

60 » p.55

65 » p.54

68 » p.78

61 » p.49

66 » p.54

62 » p.49

ノアの
コーデ

56 » p.75
高際有希

20 » p.69
高際有希

28 » p.61
ミドリノクマ

65 » p.54
高際有希

リンダの
コーデ

57 » p.75
高際有希

38 » p.74
高際有希

66 » p.54
高際有希

カジュアル
コーデ

編み込み模様のニットをメイン
にした、北欧風のカジュアル
コーデ。お揃いの赤いベレー帽
がアクセントになっています。

How to make
ノア > P.46　リンダ > P.47

Casual

Feminine

リリーの
コーデ

Step 1

19 » p.69
髙際有希

24 » p.53
Miya

60 » p.55
Miya

フェミニン
コーデ

リリーはピンクを、ジュリーは赤
をベースにしたキュートなコー
デ。タイプの違うフリルを取り入
れているのがポイントです。

How to make
リリー > P.44　ジュリー > P.43

ジュリーの
コーデ

17 » p.66
髙際有希

35 » p.73
髙際有希

66 » p.54
髙際有希

13

Sporty

ノアの
コーデ

18 » p.68
高際有希

28 » p.61
ミドリノクマ

63 » p.61
andeBoo

ラテの
コーデ

16 » p.66
高際有希

44 » p.79
andeBoo

33 » p.71
高際有希

65 » p.54
高際有希

スポーティ
コーデ

ハーフパンツにパーカーやセー
ターを合わせたストリート系
コーデ。パーカーのフードは被
らなくてもおしゃれです。

How to make
ラテ > P.46　ノア > P.46

14

ラテの
コーデ

ハニーの
コーデ

52 » **p.77**
高際有希

15 » **p.67**
高際有希

41 » **p.52**
Miya

36 » **p.56**
高際有希

53 » **p.77**
高際有希

13 » **p.66**
高際有希

40 » **p.76**
高際有希

Step

1

サマー
コーデ

元気いっぱい走り回れるパンツ
スタイル。夏の日差しを遮る麦
わら風の帽子とバッグは欠かせ
ないアイテムです。

How to make
ハニー > P.39　ラテ > P.46

Summer

15

ベルの
コーデ

55 » p.63
高際有希

68 » p.78
高際有希

14 » p.67
高際有希

33 » p.71
高際有希

62
» p.49
Miya

Winter

ウインター
コーデ

ベルはアラン編み風のセット
アップ、マリーはニットワンピー
スの、あたたかコーデ。マフラー
とミトンはお揃いです。

How to make
ベル > P.41　マリー > P.44

マリーの
コーデ

67 » p.78
高際有希

11 » p.64
andeBoo

64 » p.54
高際有希

Step 2

シーンを作って
ビジュアルを楽しむ

ミニチュア小物や布、 紙などを使ったり
写真を合成するなどして
素敵なシーンを再現してみましょう。
フォトジェニックに仕上がります。

17

Shopping

仲良し二人でショッピングにお
出かけ。大好きなピンクや黄色
のアイテムでゆめかわコーデに
挑戦してみました。

How to make
リリー > P.44　　リンダ > P.47

リリーの
コーデ

9 » p.62
andeBoo

34 » p.72
andeBoo

リンダの
コーデ

59 » p.71
andeBoo

10 » p.62
andeBoo

32 » p.70
andeBoo

ベルの
コーデ

45 » p.50
Miya

22 » p.50
Miya

Halloween

ベルはミツバチに扮し、ハニーはか
ぼちゃをあしらったファッションに。
オレンジ、黄色、黒などを取り入れ
るとハロウィン感がアップします。

How to make
ベル > P.41　ハニー > P.39

ハニーの
コーデ

46 » p.52
Miya

2 » p.51
Miya

23 » p.51
Miya

61 » p.49
Miya

Christmas

クリスマスといえばやっぱりサンタ。
白と黒のリンダには、赤と白のクリス
マスカラーがぴったり。プレゼントが
入りそうな大きな帽子もポイントです。

How to make
リンダ > P.47

リンダの
コーデ

58 » **p.49**
Miya

1 » **p.48**
Miya

30 » **p.48**
Miya

62 » **p.49**
Miya

リリーの
コーデ

4,5 » p.57
ミドリノクマ

47 » p.59
ミドリノクマ

New year

お正月らしい着物スタイル。半襟と
着物は一体型、帯はホックでとめ
るワンタッチ式です。小さな花飾り
が和の雰囲気を盛り上げます。

- -

How to make
リリー > P.44

ベルの
コーデ

50
» **p.78**
andeBoo

43
» **p.53**
Miya

24
» **p.53**
Miya

60
» **p.55**
Miya

E aster

イースターといえば、卵とイースター
バニー。卵も入りそうなイチゴ型と
ハート型のポシェットに合わせたメ
ルヘンコーデでお出かけします。

How to make
ベル > P.41　マリー > P.44

マリーの
コーデ

59
» **p.71**
andeBoo

39
» **p.75**
andeBoo

31
» **p.70**
andeBoo

42
» **p.74**
andeBoo

Camp

アウトドアに欠かせない麦わら帽子、同じ夏糸で編んだアイテムで、リンクコーデの完成。キャンプシーンに合うアクティブファッションです。

How to make
ノア ≫ P.46　　ラテ ≫ P.46

ラテの
コーデ

54 ≫ **p.77**
髙際有希

＋

37 ≫ **p.73**
髙際有希

＋

41 ≫ **p.52**
Miya

ノアの
コーデ

53 » p.77
髙際有希

13 » p.66
髙際有希

36 » p.56
髙際有希

Little Red Riding Hood

赤ずきんちゃん

大きなフード付きケープがポイント。
メイド風なエプロン付きワンピースと
のコーデが、おとぎ話の赤ずきん
ちゃんを演出します。

How to make
ベル > P.41

ベルの
コーデ

3 » **p.55**
Miya

+

25 » **p.54**
Miya

+

26 » **p.56**
Miya

+

62 » **p.49**
Miya

The Snow Queen

雪の女王

もこもこの糸で縁取られた存在感抜群のコート。リボンで前を止めれば、これ1枚でゴージャスな雪の女王のような雰囲気に。

- - - - - - - - - - - - - - - - - - -

How to make
ハニー > P.39

ハニーの
コーデ

12 » **p.65**
andeBoo

51 » **p.78**
andeBoo

Kung fu Master

カンフーマスター

真っ赤なカンフースーツを着こなす、
無敵のカンフーマスター。チャイナ
ボタンやカンフー帽など細部にまで
こだわっています。

How to make
ジュリー > P.43

ジュリーの
コーデ

48 » p.58
ミドリノクマ

21 » p.58
ミドリノクマ

27 » p.61
ミドリノクマ

Latin Musician

ラテンミュージシャン

カラフルなポンチョと小さな帽子が
目を引くアンデス風スタイル。ポン
チョはボタン側を前にして着るのも
おすすめです。

How to make
ノア > P.46

ノアの
コーデ

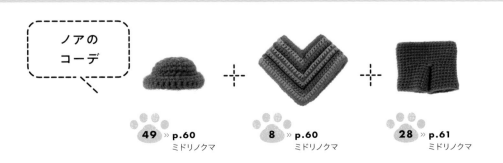

49 » p.60
ミドリノクマ

8 » p.60
ミドリノクマ

28 » p.61
ミドリノクマ

Manga Artist

マンガ家

ベレー帽がトレードマークのマンガ
家ファッション。オーバーオールは、
ロールアップをすれば長さを調節す
ることができます。

- -

How to make
ラテ > P.46

ラテの
コーデ

57 » p.75
高際有希

15 » p.67
高際有希

40 » p.76
高際有希

Belly Dancer

ベリーダンサー

ベアトップとバルーンパンツのセット
アップがオリエンタルな雰囲気のダ
ンサースタイル。ベールは耳に引っ
掛けて被ります。

How to make
ジュリー > P.43

ジュリーの
コーデ

7 » p.59
ミドリノクマ

6 » p.59
ミドリノクマ

29 » p.62
ミドリノクマ

Step
2

33

あみぐるみの基本レッスン

あみぐるみを作る際に必要な道具と、 あみぐるみの基本的な作り方を紹介します。

使用する主な道具

1 かぎ針
本書では主に 3/0、4/0 号サイズを使用。

2 縫い針
ボタンやブローチピンなどを付ける。

3 とじ針
編み地をとじたり、刺しゅうなどにも使える。

4 フェルティングニードル
羊毛フェルトで使用する針。編み地に刺して凹凸を出す。

5 手芸用ハサミ
糸を切る際に使用。

6 ピンセット
あみぐるみの細かい各パーツに手芸綿を詰める際に便利。

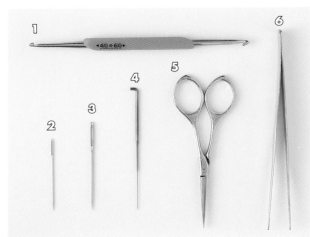

※使用する材料は、アイテムによって異なります。詳しくは P.39 ～をご覧ください。

基本形・クマ（ハニー）のプロセスレッスン

クマのハニーをサンプルに、基本的なあみぐるみの作り方を紹介。各パーツの組み立て方などは全て同じです。
P.39 ～の編み図と合わせてご覧ください。

STEP1 各パーツを編む ＜⊕わの作り目＞

1
頭部を編む。キャメル（520）の糸を
左手の人さし指に 2 回巻きつけ、わを
作る。

2
指からわを抜く。

3
左手中指と親指でわを押さえ、人差し
指に糸をかけ、わの中に針を入れて糸
をかけ引き抜く。

1 段目＜ ◯ くさり編み＞

4
もう一度糸をかけ、引き抜く。

5
立ち上がりのくさり編みが 1 目編めた
ところ。

＜ ✕ 細編み＞

6
わの中に針を入れ、糸をかけて引き出
し、もう一度糸をかけ、2 ループを一
度に引き抜く。

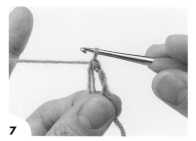

7

細編みが 1 目編めたところ。

8

6,7 をくり返し、わの中に細編みを 7 目編む。

<わの作り目を引き締める>

9

針をわの中に入れ、短い糸を引いてわを縮める。

< ● 引き抜き編み>

10

1 目めの細編みの頭に針を入れ、糸をかけ、2 ループを一度に引き抜く。

11

1 段目の完成。

2 段目< 細編み 2 目編み入れる>

12

2 段目の立ち上がりのくさり 1 目を編む。

13

前段の 1 目めの頭に針を入れ、細編みを編み、同じ目に針を入れてもう一度細編みを編む。

14

「細編み 2 目編み入れる」で目を増やしながら 2 段目を編む。

25 段目< 細編み 2 目一度>

15

編み図のとおりに 24 段目まで編み、25 段目の細編み 2 目を編む。

16

3 目めに針を入れ、糸をかけて引き出す。

17

続いて 4 目めに針を入れ、糸をかけて糸を引き出す。糸をかけ、3 ループを一度に引き抜く。

18

「細編み 2 目一度」で 1 目減らしたところ。

<右手を編む>

19

編み図のとおりに最終段まで編む。

20

右手を編む。わの作り目から編み図の
とおりに 15 段目まで編み、糸をカッ
トして引き抜く。

21

16 段目は指定の目に針を入れ、糸を
かけて引き出す。続けて、立ち上がり
のくさり 1 目と細編み 2 目を編む。

< 中長編み>

22

針に糸をかける。

23

次の目に針を入れ、糸をかけて引き出
す。

24

糸をかけ、3 ループを一度に引き抜く。

25

中長編みが編めたところ。

26

続けて編み図のとおりに編み、最後は
15 段目の 1 目めに引き抜く。

27

編み図のとおりに、各パーツを編む。

【STEP2】 **手芸綿を詰める〜頭部と胴体をつなげる**

28

少量ずつ手芸綿を取り、ピンセットを
使って頭部の隅々までしっかり詰める。

29

胴体も同様にしっかりと手芸綿を詰
め、編み終わりの残り糸をとじ針に通
して巻きかがりで合わせる。

30

残り 3 分の 1 くらいになったら一旦針
を休め、隙間からピンセットで首元に
もしっかりと手芸綿を詰める。

31
残りも巻きかがり、頭部と胴体が縫い
合わさったところ。

32
P.39 の「縫い付け位置」を参考に、
鼻の付け位置にまち針を刺す。残り糸
にとじ針を通す。

33
鼻を頭部に縫い付け、残り 3 分の 1 く
らいになったら一旦針を休める。

34
隙間からピンセットで中に手芸綿を詰
める。

35
残りも縫い合わせ、頭部に鼻が付いた
ところ。

36
黒の刺しゅう糸 1 本どりで鼻下に刺
しゅうをし、アニマルアイの足に手芸
用ボンドを付けて差し込む。

37
フェルティングニードルで目の周りと
おでこを刺して凹ませる（P.40 参照）。
※針は必ず編み地に垂直に刺す。

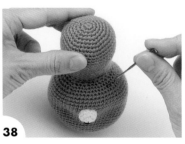

38
あご部分も同様にフェルティングニー
ドルで刺して凹ませる。

39
白のフェルトを直径 7mm の円にカッ
トし、中央にとじ針で穴をあける。

40
ソリッドアイを差し込み、白目が少し
出るようフェルト部分をカットする。

41
ソリッドアイの足とフェルトの裏側に
手芸用ボンドを付け、指定の位置に差
し込む。

残りのパーツをつなげる

42

頭部の耳付け位置にまち針を刺す。二つ折りにした耳を平らにした状態で持ち、編み口をとじ針で縫い付ける。

43

両耳が付いたところ。

44

左手の中に手芸綿を詰め、まち針で付け位置を決め、とじ針で胴体に縫い付ける。

45

左手の位置と対称になるように、まち針で右手の付け位置を決める。

46

右手も同様に縫い付ける。

47

両足も同様にとじ針で縫い付けたら、ハニーが完成。

番外編 **途中で糸を変える**（リス（ベル）胴体 / P.42 編み図参照）

B 糸

1

途中で編み地の糸を変えるときは、糸を変える手前の細編みを完成させるときに、新しい糸（B 糸）を向こう側に置き、針にかける。

2

B 糸で引き抜く。

A 糸

3

B 糸で細編みを 3 目編み、細編み 4 目めを完成させるときにベースの糸（A 糸）で引き抜く。

4

続けて編み図のとおりにベースの A 糸で編む。このとき、B 糸は向こう側に休ませておく。

5

1 ～ **4** のように A 糸と B 糸でくり返し編む。

6

編み地の裏側。休ませている糸は裏で渡しながら編み進める。

基本形・クマ（ハニー）の作り方 》p.4

※ P.34 ～を合わせてご覧ください。

糸	ハマナカ アメリーエフ《合太》 キャメル（520）21g、ナチュラルホワイト（501）1g
針	かぎ針 4/0 号、とじ針、刺しゅう針、縫い針、 フェルティングニードル
その他	ソリッドアイ（6mm ブラック）2 個、アニマルアイ（6.5mm × 5mm ブラック）1 個、刺しゅう糸（黒）少々、フェルト（白 2cm 角） 1 枚、手芸綿（ネオクリーンわたわた）各 20g、手芸用ボンド、ブロー チピン（10mm）1 個、縫い糸（茶）少々
ゲージ	15 目 18 段＝ 5cm 角

作り方

1 わの作り目から各パーツを編み図のとおりに編む。頭部以外は編み終わりの糸を約 30cm 残してカットする。

2 頭部と胴体に手芸綿を詰め、残り糸にとじ針を通して巻きかがりで合わせる。残り 3 分の 1 くらいになったらピンセットで首元にもしっかりと手芸綿を詰め、残りを巻きかがる。

3 とじ針を使い、鼻を頭部に縫い付ける。残り 3 分の 1 くらいまで縫い付けたら、ピンセットで中に手芸綿を詰め、残りを縫いとじる。黒の刺しゅう糸 1 本どりで、鼻下に刺しゅうをする。アニマルアイの足に手芸用ボンドを付けて差し込む。

4 フェルティングニードルで目の周りとおでこ、あご部分を刺して凹ませる（P.40 の図参照）。

5 目を付ける。白のフェルトを直径 7mm の円にカットし、穴をあけてソリッドアイを差し込む。ソリッドアイの足とフェルトの裏側に手芸用ボンドを付けて差し込む。

6 耳を二つ折りにし、平らにした状態で編み口を頭部に縫い付ける。

7 手と足の中に手芸綿を詰め、胴体に縫い付ける。

8 しっぽに手芸綿を詰め、とじ針でしぼり止めする。縫い針でつけ根にブローチピンを縫い付ける。

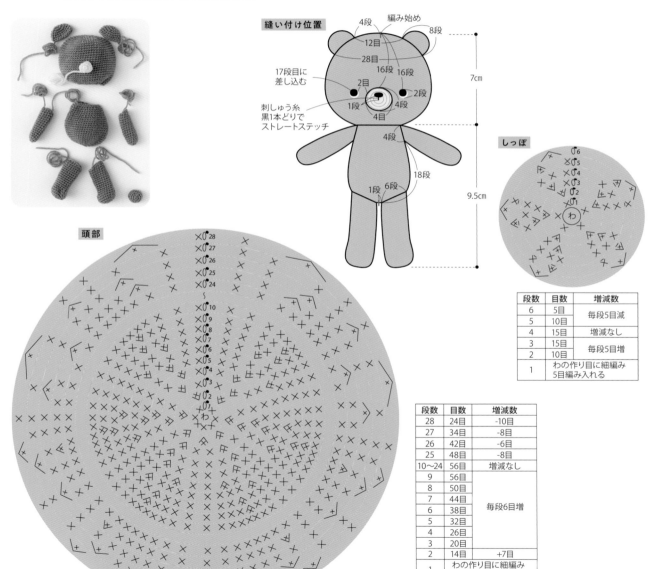

縫い付け位置

- 編み始め
- 4段
- 8段
- 12目
- 28目
- 16段
- 16段
- 17段目に差し込む
- 2目
- 1目 4目 2目
- 4段
- 刺しゅう糸 黒1本どりでストレートステッチ
- 4段
- 18段
- 1段 6目
- 7cm
- 9.5cm

しっぽ

段数	目数	増減数
6	5目	毎段5目減
5	10目	
4	15目	増減なし
3	15目	毎段5目増
2	10目	
1	わの作り目に細編み 5目編み入れる	

頭部

段数	目数	増減数
28	24目	-10目
27	34目	-8目
26	42目	-6目
25	48目	-8目
10～24	56目	増減なし
9	56目	毎段6目増
8	50目	
7	44目	
6	38目	
5	32目	
4	26目	
3	20目	
2	14目	+7目
1	わの作り目に細編み 7目編み入れる	

胴体

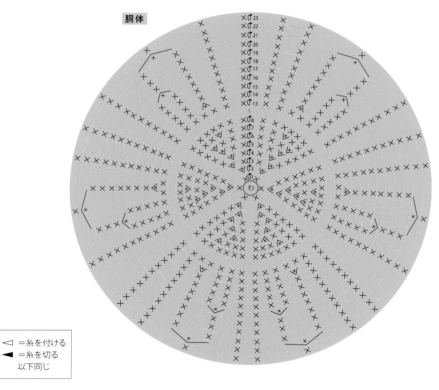

段数	目数	増減数
23	24目	増減なし
22	24目	-6目
19~21	30目	増減なし
18	30目	-6目
15~17	36目	増減なし
14	36目	-6目
8~13	42目	増減なし
7	42目	
6	36目	
5	30目	毎段6目増
4	24目	
3	18目	
2	12目	
1	わの作り目に細編み6目編み入れる	

◁ =糸を付ける
◀ =糸を切る
以下同じ

フェルティングニードル刺し位置

フェルティングニードルで刺して凹ませる

左足

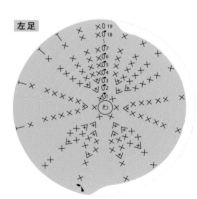

右足

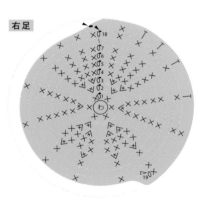

段数	目数	増減数
19	編み図のとおり	
7~18	16目	増減なし
6	16目	-4目
4・5	20目	増減なし
3	20目	+8目
2	12目	+6目
1	わの作り目に細編み6目編み入れる	

左手

右手

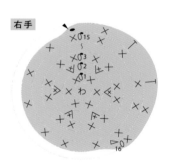

鼻

耳

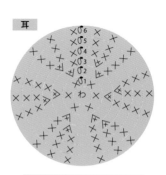

段数	目数	増減数
16	編み図のとおり	
3~15	12目	増減なし
2	12目	+6目
1	わの作り目に細編み6目編み入れる	

段数	目数	増減数
3	12目	増減なし
2	12目	+6目
1	わの作り目に細編み6目編み入れる	

段数	目数	増減数
4~6	18目	増減なし
3	18目	毎段6目増
2	12目	
1	わの作り目に細編み6目編み入れる	

リス（ベル）の作り方 »p.5

糸	ハマナカ itoa あみぐるみが編みたくなる糸 金茶（316）15g、オフホワイト（302）3g、茶色（315）3g かぎ針 4/0 号、とじ針、刺しゅう針、縫い針
針	手芸綿（ネオクリーンわたわた）22g、ソリッドアイ（6mm ブラック）1 個、アニマルアイ（6.5 × 5mm ブラック）2 個、
その他	刺しゅう糸（黒）少々、手芸用ボンド、ブローチピン（15mm） 1 個、縫い糸（茶）少々
ゲージ	15 目 14 段 =5cm 角

作り方

1 基本の作り方は「基本形・クマ（ハニー）のプロセスレッスン」P.34 ～
を参照。各パーツは P.41 ～の編み図で編む。

2 刺しゅう糸 1 本どりでまつげと口元の刺しゅうをし、口元のカーブは手芸
用ボンドで固定する。ソリッドアイとアニマルアイの足に手芸用ボンドを
付けて差し込む。

3 しっぽは 17 段目まで編んだら手芸綿を詰め、18 段目まで編む。とじ針
でしぼり止めし、縫い針でつけ根にブローチピンを縫い付ける。

4 （315）の糸をとじ針に通し、チェーンステッチで縞模様の刺しゅうをする。

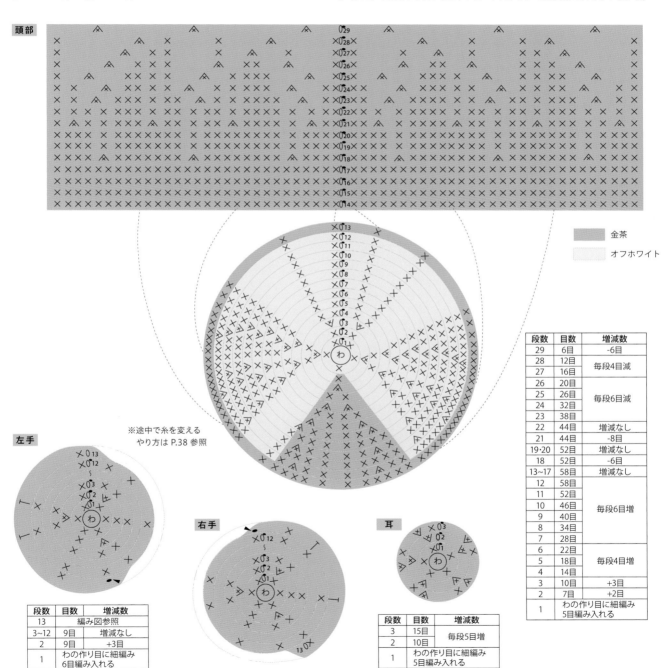

頭部

▨	金茶
▢	オフホワイト

※途中で糸を変える
やり方は P.38 参照

頭部

段数	目数	増減数
29	6目	-6目
28	12目	毎段4目減
27	16目	
26	20目	
25	26目	毎段6目減
24	32目	
23	38目	
22	44目	増減なし
21	44目	-8目
19・20	52目	増減なし
18	52目	-6目
13～17	58目	増減なし
12	58目	
11	52目	
10	46目	毎段6目増
9	40目	
8	34目	
7	28目	
6	22目	
5	18目	毎段4目増
4	14目	
3	10目	+3目
2	7目	+2目
1	わの作り目に細編み 5目編み入れる	

左手

段数	目数	増減数
13		編み図参照
3～12	9目	増減なし
2	9目	+3目
1	わの作り目に細編み 6目編み入れる	

右手

耳

段数	目数	増減数
3	15目	毎段5目増
2	10目	
1	わの作り目に細編み 5目編み入れる	

41

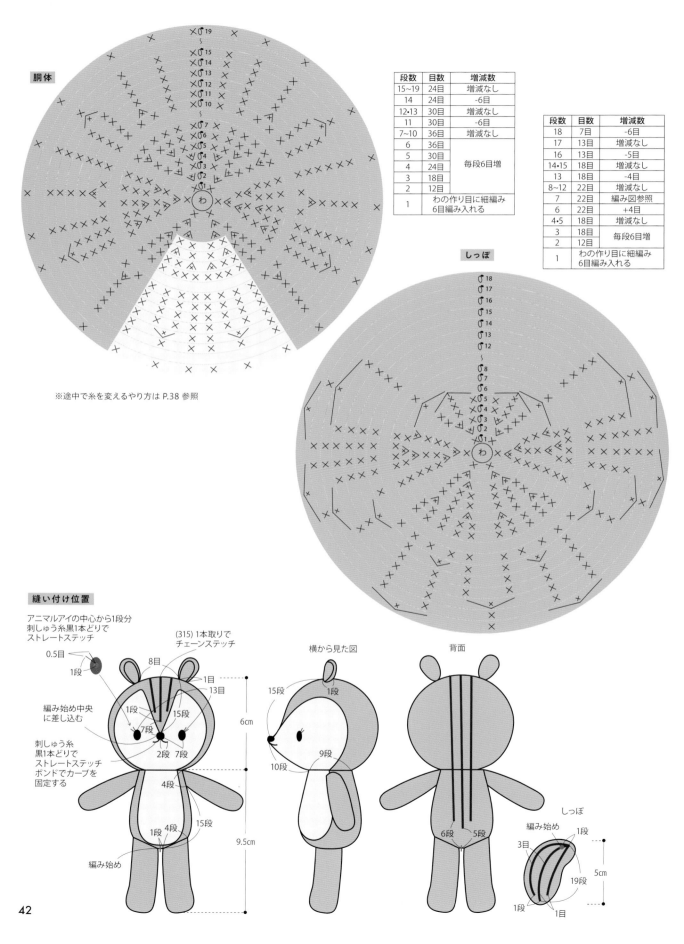

胴体

段数	目数	増減数
15～19	24目	増減なし
14	24目	-6目
12・13	30目	増減なし
11	30目	-6目
7～10	36目	増減なし
6	36目	
5	30目	
4	24目	毎段6目増
3	18目	
2	12目	
1	わの作り目に細編み6目編み入れる	

段数	目数	増減数
18	7目	-6目
17	13目	増減なし
16	13目	-5目
14・15	18目	増減なし
13	18目	-4目
8～12	22目	増減なし
7	22目	編み図参照
6	22目	+4目
4・5	18目	増減なし
3	18目	毎段6目増
2	12目	
1	わの作り目に細編み6目編み入れる	

※途中で糸を変えるやり方は P.38 参照

しっぽ

縫い付け位置

アニマルアイの中心から1段分
刺しゅう糸黒1本どりで
ストレートステッチ

0.5目

1段

編み始め中央
に差し込む

刺しゅう糸
黒1本どりで
ストレートステッチ
ボンドでカーブを
固定する

(315) 1本取りで
チェーンステッチ

8目

1目

13目

1段

15段

7段

2段 7段

4段

1段 4段 15段

編み始め

6cm

9.5cm

横から見た図

15段

1段

9段

10段

背面

6段 5段

しっぽ

編み始め

1段

3目

19段

1段

1目

5cm

42

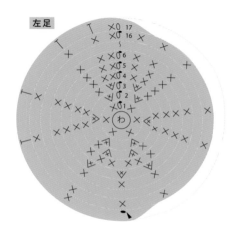
左足

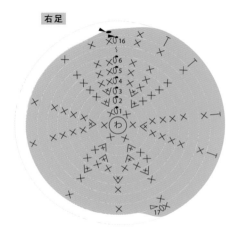
右足

段数	目数	増減数
17		編み図のとおり
6~16	13目	増減なし
5	13目	-3目
4	16目	増減なし
3	16目	+4目
2	12目	+6目
1	わの作り目に細編み6目編み入れる	

How to make

 トラ（ジュリー）の作り方 »p.5

糸　ハマナカ アメリーエフ《合太》 マリーゴールドイエロー（503）21g、ブラウン（519）2g
針　かぎ針 3/0 号、とじ針、縫い針
その他　手芸綿（ネオクリーンわたわた）17g、ブローチピン（15mm）1 個、縫い糸（黄）少々
ゲージ　15 目 18 段 = 5cm 角

作り方
1　基本の作り方は「基本形・クマ（ハニー）のプロセスレッスン」P.34 〜を参照。頭部、胴体、手足は P.39、40 の編み図で編む。
2　（519）の糸 2 本どりでとじ針に通し、頭部としっぽにストレートステッチで縞模様の刺しゅうをする。
3　鼻に手芸綿を詰め、とじ針で頭部に縫い付ける。（519）を 1 本どりでとじ針に通し、目と鼻の刺しゅうをする。

鼻
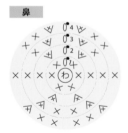

段数	目数	増減数
4	18目	毎段4目増
3	14目	
2	10目	
1	わの作り目に細編み6目編み入れる	

□ マリーゴールドイエロー
■ ブラウン

耳

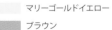

段数	目数	増減数
5	8目	増減なし
4	8目	-2目
2~3	10目	増減なし
1	くさりの作り目に細編み10目編み入れる	

しっぽ　綿を詰め最終段に糸を通してしぼる

縫い付け位置

上から見た図

横から見た図

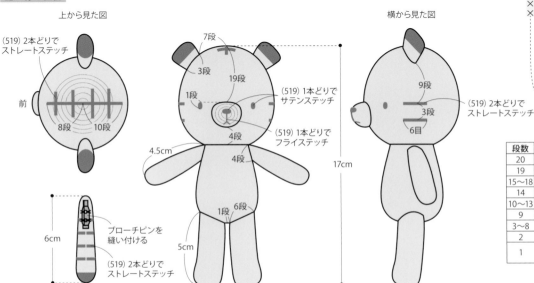

（519）2本どりでストレートステッチ
7段
3段
19段
1段
（519）1本どりでサテンステッチ
（519）1本どりでフライステッチ
4.5cm
4段
4段
前
8段　10段
ブローチピンを縫い付ける
（519）2本どりでストレートステッチ
6cm
1段　6段
5cm
9段
3段
6段
（519）2本どりでストレートステッチ
17cm

段数	目数	増減数
20	8目	-2目
19	9目	-1目
15~18	10目	増減なし
14	10目	-1目
10~13	11目	増減なし
9	11目	-1目
3~8	12目	増減なし
2	12目	+6目
1	わの作り目に細編み6目編み入れる	

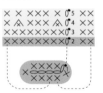

43

ウサギ（リリー、マリー）の作り方 》p.4,5

糸 マリー：ハマナカ アメリーエフ《合太》
ナチュラルホワイト（501）27g
リリー：ハマナカ 世界のコットン インドストレート
ベージュ（2）33g
しっぽ：ハマナカ ソノモノ アルパカブークレ オフホワイト（151）2g

針 かぎ針 3/0 号、かぎ針 7/0 号（しっぽ）、とじ針、縫い針

その他 プラスチックアイ（クリスタルブラウン9mm）各 2 個、手芸綿（ネオ
クリーンわたわた）／マリー：18g、リリー：25g、刺しゅう糸（薄茶、
こげ茶）少々、フェルト（ピンク5cm 角）1 枚、手芸用ボンド、ブロー
チピン（15mm）1 個、縫い糸（白）少々

ゲージ マリー：15 目 18 段＝ 5cm 角
リリー：14.5 目 15.5 段＝ 5cm 角

作り方

1 基本の作り方は「基本形・クマ（ハニー）のプロセスレッスン」P.34 ～を参照。マリー：頭部と耳 24 段目までを 2 枚編む。胴体、手足は P.40 の編み図で編む。リリー：頭部と胴体、耳を 2 枚編む。手足は P.40 の編み図で編む。

2 マリーの耳は根元を二つ折りにし、V の字になるように縫い付ける。

3 とじ針に糸を通してあごの下から針を入れ、プラスチックアイを縫い付ける。糸を少し引いて目元とあご下をくぼませる。

4 こげ茶の刺しゅう糸 6 本どりでアイラインを入れる。リリーはこげ茶、マリーは薄茶の刺しゅう糸 6 本どりで鼻筋を刺しゅうする。

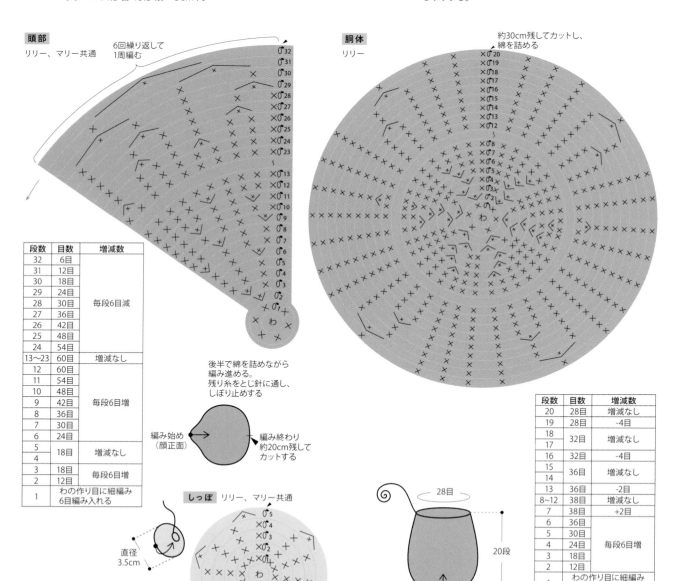

頭部 リリー、マリー共通

段数	目数	増減数
32	6目	
31	12目	
30	18目	
29	24目	
28	30目	毎段6目減
27	36目	
26	42目	
25	48目	
24	54目	
13〜23	60目	増減なし
12	60目	
11	54目	
10	48目	
9	42目	毎段6目増
8	36目	
7	30目	
6	24目	
5	18目	増減なし
4	18目	
3	18目	毎段6目増
2	12目	
1	わの作り目に細編み6目編み入れる	

6回繰り返して1周編む

後半で綿を詰めながら編み進める。
残り糸をとじ針に通し、しぼり止めする

編み始め（顔正面） → ← 編み終わり約20cm残してカットする

しっぽ リリー、マリー共通

直径 3.5cm

段数	目数	増減数
5	6目	-6目
2〜4	12目	増減なし
1	わの作り目に細編み12目編み入れる	

胴体 リリー

約30cm残してカットし、綿を詰める

28目

20段

段数	目数	増減数
20	28目	増減なし
19	28目	-4目
18	32目	増減なし
17	32目	
16	32目	-4目
15	36目	増減なし
14	36目	
13	36目	-2目
8〜12	38目	増減なし
7	38目	+2目
6	36目	
5	30目	
4	24目	毎段6目増
3	18目	
2	12目	
1	わの作り目に細編み6目編み入れる	

耳 リリー、マリー共通

段数	目数	増減数	
32	8目	増減なし	↑ リリー
31	8目	-2目	
30	10目	増減なし	
29	10目	-2目	
27・28	12目	増減なし	
26	12目	-2目	
25	14目	増減なし	
24	14目	増減なし	↑ マリー
23	14目	-2目	
21・22	16目	増減なし	
20	16目	-2目	
18・19	18目	増減なし	
17	18目	-2目	
16	20目	増減なし	
15	20目	-2目	
14	22目	増減なし	
13	22目	-2目	
8~12	24目	増減なし	
7	24目	+6目	
5・6	18目	増減なし	
4	18目	+6目	
3	12目	増減なし	
2	12目	+6目	
1		わの作り目に細編み6目編み入れる	

リリー
下側 8目
10.5cm (32段)
上側

マリー
下側 14目
6.5cm (24段)
上側

上側
フェルト
2cm
3cm
5cm
下側

上側
下側

フェルトを2枚カットし、ボンドで貼る

アイラインの入れ方

4段分
アイラインの入れ方
プラスチックアイ 9mm

刺しゅう糸こげ茶6本どりで
プラスチックアイを囲むように
目頭~目尻にストレートステッチ

上から見た図

3段
17目
21段
たれ耳
鼻先中心
前

22目
9段 2段
6段
16cm

刺しゅう糸
6本どりで
ストレート
ステッチ

22目
9段 2段
6段
15cm

縫い付け位置

横から見た図
立ち耳
21段
編み終わり中心
15段
編み始め
鼻先中心
9段
8段

イヌ（ラテ）・ネコ（ノア）の作り方 » p.4,5

糸	ハマナカ アメリーエフ《合太》
	ラテ：ナチュラルホワイト（501）17g、ブラック（524）6g
	ノア：ブラック（524）18g、純毛中細 赤（10）1g
針	かぎ針 3/0 号、とじ針、縫い針
その他	手芸綿（ネオクリーンわたわた）各 12g、あみぐるみノーズ（9mm ブラウン）各 1 個、
	手芸用ボンド、ブローチピン（15mm）各 1 個、縫い糸（黒、赤）少々
	ラテ：アニマルアイ（6.5mm × 5mm ブラック）1 組、ノア：キャッツアイ（9mm ゴールド）1 組、テグス（0.3mm）12cm、ワイヤー（0.3mm）18cm
ゲージ	15 目 18 段 = 5cm 角

作り方

1 基本の作り方は「基本形・クマ（ハニー）のプロセスレッスン」P.34 〜を参照。胴体、足は P.40 の編み図で編む。

2 ラテは鼻にあみぐるみノーズを付けて手芸綿を詰め、（524）の糸 1 本どりで刺しゅうをする。

3 ラテはアニマルアイ、ノアはキャッツアイとあみぐるみノーズに手芸用ボンドを付けて差し込む。

4 ノアの顔にテグスでヒゲを 4 本付ける。

5 それぞれしっぽを編み、縫い針でつけ根にブローチピンを縫い付ける。

頭部 ラテ、ノア共通

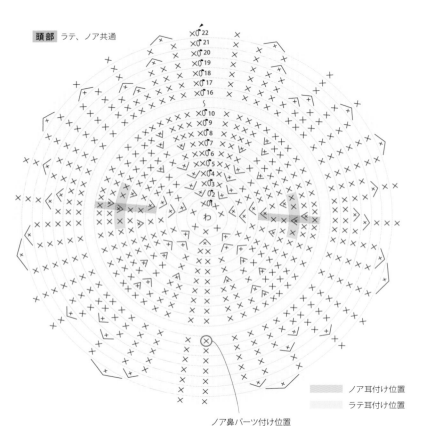

ノア耳付け位置
ラテ耳付け位置

ノア鼻パーツ付け位置

段数	目数	増減数
22	24目	-8目
21	32目	
20	38目	毎段6目減
19	44目	
18	50目	
10〜17	56目	増減なし
9	56目	
8	50目	
7	44目	
6	38目	毎段6目増
5	32目	
4	26目	
3	20目	
2	14目	+7目
1	わの作り目に細編み 7目編み入れる	

ノア・耳

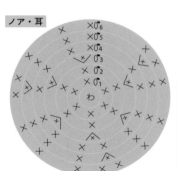

段数	目数	増減数
6	15目	増減なし
5	15目	+3目
4	12目	増減なし
3	12目	+6目
2	6目	増減なし
1	わの作り目に細編み 6目編み入れる	

左手 ノアはブラック

右手

段数	目数	増減数
19		図参照
3〜18	12目	増減なし
2	12目	+6目
1	わの作り目に細編み 6目編み入れる	

 ブラック
ナチュラルホワイト

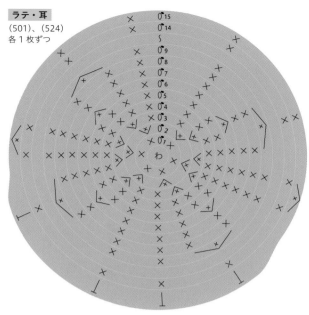

ラテ・耳
(501)、(524)
各1枚ずつ

段数	目数	増減数
15	10目	-2目
10~14	12目	増減なし
9	12目	-4目
7・8	16目	増減なし
6	16目	-4目
4・5	20目	増減なし
3	20目	+8目
2	12目	+6目
1	わの作り目に細編み6目編み入れる	

ラテ・鼻

鼻パーツ付け位置

段数	目数	増減数
7	17目	増減なし
6	17目	-4目
5	21目	増減なし
4	21目	
3	21目	+8目
2	13目	+6目
1	わの作り目に細編み7目編み入れる	

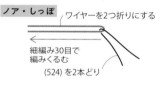

ノア・しっぽ
ワイヤーを2つ折りにする
細編み30目で編みくるむ
(524)を2本どり

作り目＝くさり5目
真ん中をしばる
ブローチピンに縫い付ける
3cm
しっぽに縫い付ける

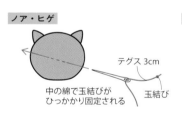

ノア・ヒゲ
テグス 3cm
中の綿で玉結びがひっかかり固定される
玉結び

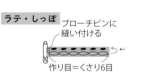

ラテ・しっぽ
ブローチピンに縫い付ける
作り目＝くさり6目

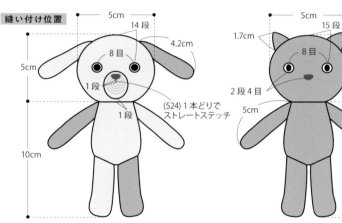

縫い付け位置
5cm
14段
8目
4.2cm
5cm
1段
1段
(524)1本どりでストレートステッチ

5cm
15段
1.7cm
8目
5cm
2段4目
5cm
10cm

How to make

パンダ（リンダ）の作り方 »p.4

糸　ハマナカ アメリーエフ《合太》
　　ナチュラルホワイト（501）13g、ブラック（524）9g
針　かぎ針4/0号、とじ針、刺しゅう針、縫い針、
　　フェルティングニードル
その他　ソリッドアイ（6mm ブラック）1個、アニマルアイ
　　（6.5mm×5mm ブラック）2個、手芸綿（ネオクリー
　　ンわたわた）20g、手芸用ボンド、ブローチピン
　　（15mm）1個、縫い糸（黒）少々
ゲージ　15目18段＝5cm角

作り方
1　基本の作り方は「基本形・クマ（ハニー）のプロセスレッスン」P.34～を参照。各パーツはP.39～の編み図で編む。しっぽは（524）の糸で編む。
2　頭部に鼻を縫い付けたら、ソリッドアイの足に手芸用ボンドを付けて差し込む。
3　アニマルアイの足に手芸用ボンドを付けて目の位置に差し込む。

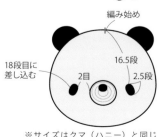

編み始め
18段目に差し込む
16.5段
2目
2.5段
※サイズはクマ（ハニー）と同じ
（P.39参照）

1 サンタクロース ジャケット »p.22

糸 ハマナカ ピッコロ　朱赤（26）10 g
　　ハマナカ ソノモノアルパカブークレ　白（151）4 g

針 かぎ針 4/0 号、縫い針

その他 スナップボタン（5mm）3 組、スエード紐（焦げ茶
　　4mm）12cm、ミニバックルスクエア型（ゴールド 7
　　× 6mm）1 個、手芸用ボンド、縫い糸（赤）少々

作り方
1 身頃を編む。くさり編み 50 目で作り目をし、編み図のとおりに編む。
2 袖を編む。袖ぐりから 17 目拾って編む。
3 ファー部分を編む。編み地を裏表に返し、（151）の糸で作り目の反対側から目を拾って編む。
4 縫い針でスナップボタンを縫い付ける。
5 スエード紐にミニバックルを通したベルトを作り、手芸用ボンドでジャケットに貼り付ける。

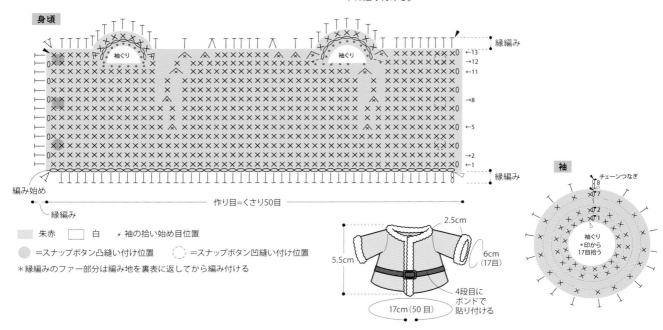

身頃

←13 →12 ←11 →8 ←5 →2 ←1

縁編み　袖ぐり　袖ぐり　縁編み

編み始め

縁編み

作り目＝くさり50目

袖
チェーンつなぎ
袖ぐり
＊印から
17目拾う

　朱赤　　　□ 白　　　＊袖の拾い始め目位置

　＝スナップボタン凸縫い付け位置　　　　＝スナップボタン凹縫い付け位置

＊縁編みのファー部分は編み地を裏表に返してから編み付ける

2.5cm
6cm（17目）
5.5cm
17cm（50目）
4段目にボンドで貼り付ける

30 サンタクロース パンツ »p.22

糸 ハマナカ ピッコロ　朱赤（26）6g
　　ハマナカ ソノモノ アルパカブークレ　白（151）2g

針 かぎ針 4/0 号、とじ針

作り方
1 くさり編み 22 目を輪にし（作り目）、股下（7 段目まで）を 2 枚編む。このとき 1 枚目の編み終わりの糸は約 20cm 残してカットする。2 枚目の股下は糸を切らずに休ませておく。まち部分（←→）は 1 枚目の残り糸をとじ針に通し、矢印の先の目を巻きかがる。
2 1 で休ませておいた糸で続けて股上部分を編む。
3 作り目の反対側から（151）の糸で目を拾い、裾を編む。

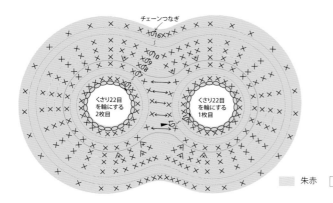

チェーンつなぎ

くさり22目を輪にする2枚目　　くさり22目を輪にする1枚目

裾
作り目の22目から拾う

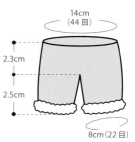

14cm（44目）
2.3cm
2.5cm
8cm（22目）

　朱赤　　　□ 白

58 サンタクロース 帽子 》p.22

糸 ハマナカ ピッコロ
朱赤（26）8g
ハマナカ ソノモノ アルパカ
ブークレ　白（151）2g
針 かぎ針 4/0 号、縫い針
その他 ボンテン（白1.5cm）1個、
縫い糸（白）少々

作り方
1 わの作り目から編み図
のとおりに編む。
2 30段目は（151）の糸
で編む。
3 ボンテンを縫い針で縫
い付ける。

段数	目数	増減数
30	62目	増減なし
29	62目	
28	60目	
27	58目	
26	56目	
25	54目	
24	52目	
23	50目	毎段2目増
22	48目	
21	46目	
20	44目	
19	42目	
18	40目	
17	38目	
16	36目	
15	34目	

段数	目数	増減数
14	32目	
13	30目	
12	28目	
11	26目	
10	24目	
9	22目	
8	20目	毎段2目増
7	18目	
6	16目	
5	14目	
4	12目	
3	10目	
2	8目	
1	わの作り目に細編み 6目編み入れる	

■ 朱赤　□ 白

1.5cm

8cm（29段）

20.3cm（62目）

0.8cm（1段）

61 2way 黒ブーツ 》p.21　　## 62 こげ茶ブーツ 》p.16,22,28

糸 ハマナカ ピッコロ　**61** 黒（20）4g、**62** こげ茶（17）3g
針 かぎ針 4/0 号

作り方
61 わの作り目から編み図のとおりに編む。足入れ口をのばしたままでも、10段目を折り返してもよい。
62 わの作り目から9段目まで編み、10段目も増減なく一周細編みで編む。

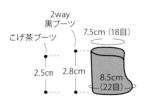

2way
黒ブーツ

こげ茶ブーツ

7.5cm（18目）

2.5cm

2.8cm

8.5cm（22目）

段数	目数	増減数
8〜10	18目	増減なし
7	18目	-4目
4〜6	22目	増減なし
3	22目	+8目
2	14目	+7目
1	わの作り目に細編み 7目編み入れる	

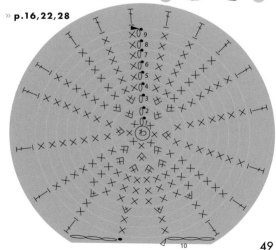

22 ミツバチワンピース ≫p.20

糸	ハマナカ ピッコロ レモン（8）5g、 黒（20）5g、白（1）1g
針	かぎ針 4/0 号、とじ針、縫い針
その他	スナップボタン（5mm）3 組、 縫い糸（黄）少々、モール（黄） 21cm

45 ミツバチ帽子 ≫p.20

作り方

1　上身頃を編む。(8) の糸でくさり編み 42 目で作り目をし、編み図のとおりに編む。このとき 3 段目と 5 段目のすじ編みは編み地の手前半目を拾って編む。

2　スカートを編む。編み地を裏表に返し、(20) で作り目の反対側から目を拾って編む。このとき 2 段目のすじ編みは編み地の手前半目を拾い、3 段目のすじ編みは向こう半目を拾って編む。上身頃を下側に向け、(20) でスカート 1 段目の残り半目を拾い、フリル上段を編む。同様に (8) でスカートの 2 段目の残り半目を拾い、フリル下段を編む。

3　(1) で羽を編む。編み終わりの糸は約 20cm 残してカットする。残した糸をとじ針に通し、左右の後ろ身頃に縫い付ける。

4　縫い針でスナップボタンを指定の位置に縫い付ける。

5　帽子を編む。わの作り目から編み図のとおりに編む。

6　触角を作る。モールを 15cm を 1 本、3cm を 2 本にカットする。15cm のモールを 1 段目に通し、両端に 3cm のモールを重ねてくるくると巻き付け、丸い形にする（「触角の作り方」参照）。

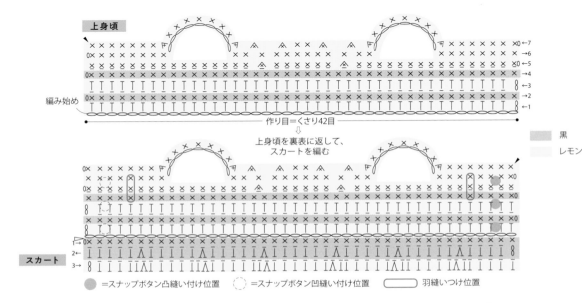

上身頃

編み始め

作り目＝くさり42目

⬇

上身頃を裏表に返して、
スカートを編む

スカート

■ 黒
□ レモン

● ＝スナップボタン凸縫い付け位置　🔴 ＝スナップボタン凹縫い付け位置　⬭ 羽縫いつけ位置

羽

段数	目数	増減数
2	13目	+6目
1	わの作り目に細編み 7目編み入れる	

フリル上段

フリル下段

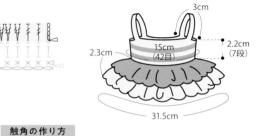

3cm
15cm
（42目）
2.3cm
2.2cm
（7段）

31.5cm

帽子

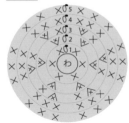

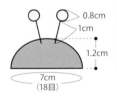

0.8cm
1cm
1.2cm

7cm
（18目）

段数	目数	増減数
4・5	18目	増減なし
3	18目	毎段6目増
2	12目	
1	わの作り目に細編み 6目編み入れる	

触角の作り方

1段

編み始め

1.15cmのモールを通し
3cmのモールを
横向きに重ねる。

2.3cmのモールを
くるみながら巻く。

3.3cmのモールを
横向きに巻き付けて
丸い形にする。

② ハロウィン マント »p.21

糸 | ハマナカ ピッコロ　黒（20）5g、
ブライトオレンジ（51）1g
針 | かぎ針 4/0 号、とじ針

作り方
1　くさり編み 28 目で作り目をし、編み図のとおりに編む。続けてマントの左右に縁編みをする。
2　（51）の糸で 12cm のスレッドコード（P.53 参照）を 2 本編み、それぞれ編み終わりの糸は約 20cm 残してカットする。残した糸をとじ針に通し、マントの内側に縫い付ける。

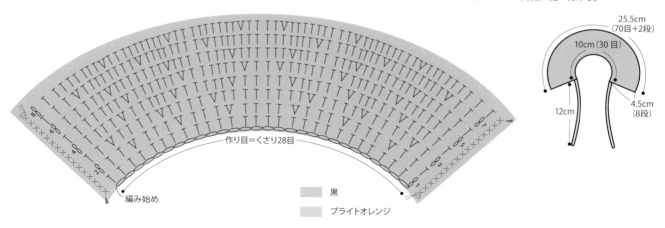

作り目＝くさり28目

編み始め

黒

ブライトオレンジ

25.5cm（70目＋2段）
10cm（30目）
12cm
4.5cm（8段）

㉓ かぼちゃワンピース »p.21

糸 | ハマナカ ピッコロ　ブライトオレンジ（51）8g、黒（20）1g
針 | かぎ針 4/0 号

作り方
1　上身頃を編む。（20）の糸でくさり編み 36 目を輪にし（作り目）、編み図のとおりに編む。
2　スカートを編む。編み地を裏表に返して、（51）で作り目の反対側から目を拾って編む。上身頃が表目、スカートが裏目になるようにもう一度編み地を返す。

上身頃

編み始め（くさり 36 目）

↓

上身頃を裏表に返して、スカートを編む

スカート

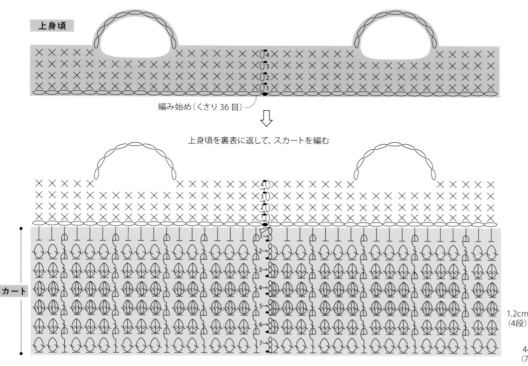

スカートを編んだら、上身頃が表目になるように、再び編み地を返す

黒　ブライトオレンジ

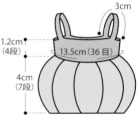

3cm
1.2cm（4段）
13.5cm（36目）
4cm（7段）

46 ハロウィン 帽子 》p.21

糸	ハマナカ ピッコロ 黒 (20) 6g
	ブライトオレンジ (51) 1g
針	かぎ針 4/0 号
作り方	わの作り目から編み図のとおりに編む。

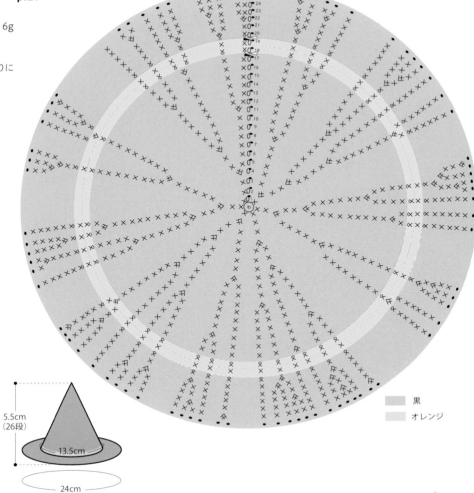

| | 黒 |
| | オレンジ |

段数	目数	増減数	配色
26	78目	増減なし	黒 (20)
25	78目		
24	72目	毎段6目増	
23	66目		
22	60目	+5目	
21	55目	+11目	
20	44目		オレンジ (51)
19	42目		
18	40目		
17	38目		
16	36目		
15	34目		
14	32目	毎段2目増	
13	30目		
12	28目		
11	26目		
10	24目		黒 (20)
9	22目		
8	20目		
7	18目		
6	16目		
5	14目		
4	12目		
3	10目		
2	8目		
1	わの作り目に細編み6目編み入れる		

5.5cm (26段)
13.5cm
24cm

41 カゴバッグ 》p.15,26

糸	ハマナカ エコアンダリヤ《クロッシェ》ナチュラル (803) 3g
針	かぎ針 4/0 号、とじ針
作り方	1 バッグを編む。わの作り目から編み図のとおりに編む。
	2 持ち手を編む。スレッドコード（上記参照）を 15 目編み、とじ針で縫い付ける。

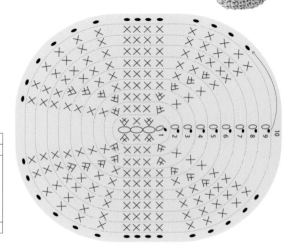

5cm (15目)
15目
4.5cm
12cm (30段)
2.5cm (9段)

段数	目数	増減数
7~10	30目	増減なし
6	30目	
5	26目	毎段6目増
4	22目	
3	18目	
2	14目	
1	10目	
くさり3目の作り目		

24 フリルワンピース 》p.13,24

糸 ハマナカ ウオッシュコットン　薄ピンク (8) 11g
針 かぎ針 4/0 号、縫い針
その他 トーションレース（白 1.5cm 幅）5cm、ラッセルレース（白 3.5cm 幅）40cm、手芸用ボンド、スナップボタン（5mm）2 組、縫い糸（ピンク）少々

作り方
1 上身頃を編む。くさり編み 42 目で作り目をし、編み図のとおりに編む。
2 スカートを編む。作り目の反対側から目を拾って編む。ラッセルレースを 20cm × 2 枚にカットし、スカートの裏に 2 枚重ねて縫い糸で縫い付ける。
3 トーションレースを上身頃の中心に手芸用ボンドで貼り付ける。
4 縫い針でスナップボタンを縫い付ける。

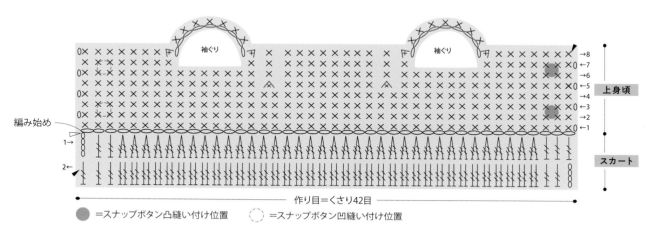

● =スナップボタン凸縫い付け位置　　○ =スナップボタン凹縫い付け位置

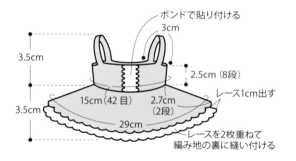

ボンドで貼り付ける
3cm
3.5cm
2.5cm（8段）
15cm（42目）
2.7cm（2段）
レース1cm出す
3.5cm
29cm
レースを2枚重ねて編み地の裏に縫い付ける

〈 ハロウィン マント（P.51）で使用 〉

スレッドコードの編み方

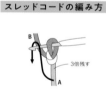
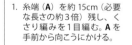

1. 糸端（A）を約 15cm（必要な長さの約3倍）残し、くさり編みを1目編む。A を手前から向こうにかける。

2. B を針にかけて引き抜く。

3. 2. を繰り返し、指定の長さまで編む。

43 ハートポシェット 》p.24

糸 ハマナカ ウオッシュコットン　白 (1) 2 g
針 かぎ針 4/0 号、とじ針

作り方
1 本体を編む。わの作り目をし、A と B を 1 枚ずつ編む。A の 3 段目の頭目と B の 2 段目の 3 〜 15 目めの内側半目を拾い、とじ針に糸を通して巻きかがりで合わせる。
2 肩紐を編む。編み始めと編み終わりの糸は約 20cm 残してカットし、残した糸をとじ針に通して指定の位置に縫い付ける。

本体

●肩紐縫い付け位置

Aの3段目の頭目とBの2段目の内側半目を拾って巻きかがりで縫い合わせる

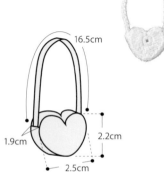

16.5cm
1.9cm
2.2cm
2.5cm

肩紐

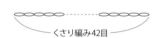

くさり編み42目

25　青いワンピース　» p.28

糸　ハマナカ ピッコロ　ピーコックブルー（52）8g、白（1）2g
針　かぎ針 4/0 号、とじ針、縫い針
その他　スナップボタン（5mm）3 組、縫い糸（青）少々

作り方
1　上身頃を編む。くさり編み 42 目で作り目をし、編み図のとおりに 8 段目まで編む。9 段目からは（1）の糸で襟を編む。
2　スカートを編む。作り目の反対側から目を拾って編む。
3　袖を編む。袖ぐりから 17 目拾って編む。
4　縫い針でスナップボタンを縫い付ける。
5　とじ針に（1）を通し、上身頃にボタンの刺しゅうをする。

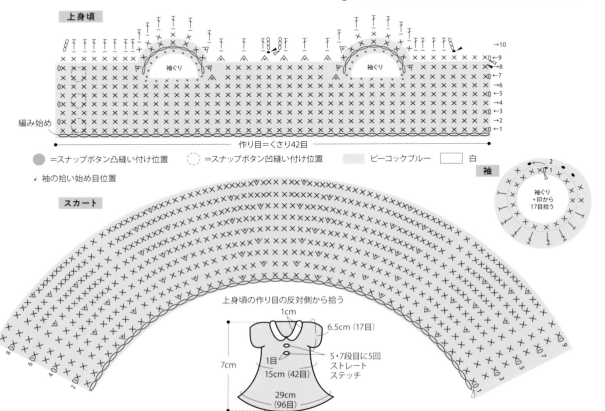

上身頃

作り目＝くさり42目

● ＝スナップボタン凸縫い付け位置　○ ＝スナップボタン凹縫い付け位置　■ ピーコックブルー　□ 白

✂ 袖の拾い始め目位置

スカート

袖

上身頃の作り目の反対側から拾う
1cm　6.5cm（17目）
7cm　1目　15cm（42目）　5・7段目に5回ストレートステッチ
29cm（96目）

袖ぐり *印から 17目拾う

64　65　66　シューズ　» p.12,13,14,16

糸　ハマナカ 純毛中細　64 ブルー（17）3g、65 マスタード（43）3g、66 赤（10）3g
針　かぎ針 3/0 号、とじ針、縫い針
その他　コード（1mm 幅）20cm、パールビーズ（6mm）2 個、縫い糸（赤）少々

作り方
1　わの作り目から編み図のとおりに編む。
2　64 はくさり編み 6 目でストラップを編み、残り糸で指定の位置にとじ付ける。
　　65 はコードを通してリボン結びをする。
　　66 は縫い針で指定の位置にパールビーズを縫い付ける。

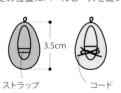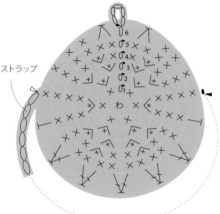

段数	目数	増減数
6	17目	-7目
5	24目	増減なし
4	24目	+4目
3	20目	+8目
2	12目	+6目
1	わの作り目に細編み 6目編み入れる	

ストラップ　コード　パールビーズ
3.5cm

3　赤ずきん » p.28

糸	ハマナカ ピッコロ　赤 (6) 12g
針	かぎ針 4/0 号、とじ針、縫い針
その他	ベルベットリボン（赤 1.2cm 幅）40cm、チロリアンテープ（白 0.7cm 幅）25cm、縫い糸（赤）少々、手芸用ボンド

作り方

1　フードを編む。わの作り目から編み図のとおりに編む。

2　ケープを編む。編み始めの糸を約 40cm 残し、くさり編み 26 目で作り目をして編む。

3　ケープの編み始めの残り糸をとじ針に通し、ケープとフードの ● 印同士を巻きかがりで縫い合わせる。縁編みをする。

4　ベルベットリボンを 20cm × 2 本にカットし、縫い針でケープの 1、2 段目の両端裏側に縫い付ける。

5　チロリアンテープを手芸用ボンドでケープの 7、8 段目に貼り付ける。

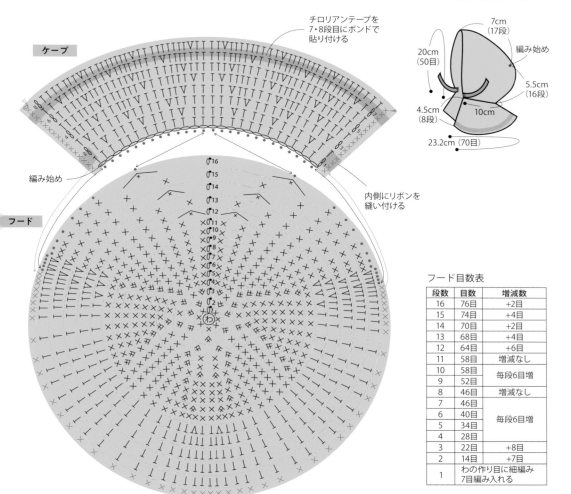

ケープ

チロリアンテープを
7・8目にボンドで
貼り付ける

編み始め

フード

内側にリボンを
縫い付ける

7cm
(17段)

編み始め

20cm
(50目)

5.5cm
(16段)

4.5cm
(8段)

10cm

23.2cm (70目)

フード目数表

段数	目数	増減数
16	76目	+2目
15	74目	+4目
14	70目	+2目
13	68目	+4目
12	64目	+6目
11	58目	増減なし
10	58目	毎段6目増
9	52目	
8	46目	増減なし
7	46目	毎段6目増
6	40目	
5	34目	
4	28目	
3	22目	+8目
2	14目	+7目
1	わの作り目に細編み 7目編み入れる	

60　リボンシューズ » p.13,24

糸	ハマナカ ウオッシュコットン 白 (1) 3 g、薄ピンク (8) 少々
針	かぎ針 4/0 号、とじ針

作り方

1　わの作り目から編み図のとおりに編む。

2　(8) の糸を 18cm にカットし、指定の位置に通してリボン結びをする。

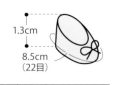

1.3cm

8.5cm
(22目)

段数	目数	増減数
6	18目	-4目
4・5	22目	増減なし
3	22目	+8目
2	14目	+7目
1	わの作り目に細編み 7目編み入れる	

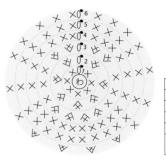

編み始め

2目

5段

編み始めから5段目の中央2目に
糸を通してリボン結びをする

26 エプロン » p.28

糸　ハマナカ ピッコロ　白（1）3g、赤（6）1g
針　かぎ針 4/0 号、とじ針

作り方
1　上身頃を編む。くさり編み 100 目で作り目をして編む。
2　前掛けを編む。作り目の反対側から目を拾って編む。
3　肩紐部分を編み、とじ針で ● 印の目に縫い付ける。

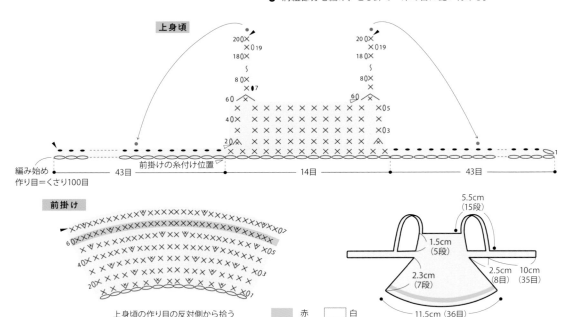

上身頃

編み始め
作り目＝くさり100目

前掛けの糸付け位置

43目　14目　43目

前掛け

上身頃の作り目の反対側から拾う

赤　白

5.5cm（15段）
1.5cm（5段）
2.3cm（7段）
2.5cm（8目）　10cm（35目）
11.5cm（36目）

36 サロペット » p.15,27

糸　ハマナカ サマードロップ
　　ブルー系（02）7g
針　かぎ針 3/0 号、とじ針

作り方
1　本体を編む。くさり編み 40 目（作り目）を輪にし、編み図のとおりに 8 段編む。9 段目はくさり編み 3 目を編んで前中心に引き抜く。このくさり編み 3 目を股下にして右足を編む。股下のくさり編み 3 目の後ろ中心側に糸を付け、左足を編む。
2　肩紐を編む。くさり編み 55 目で作り目をして、とじ針で指定の位置に縫い付ける。

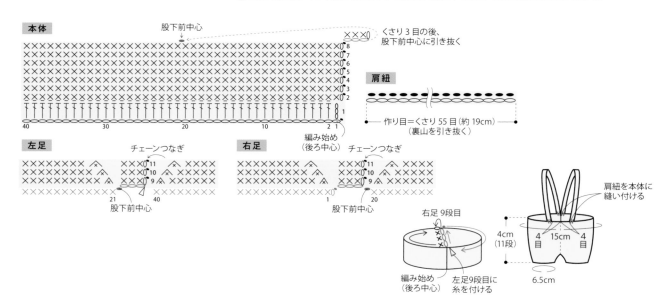

本体

股下前中心

くさり 3 目の後、
股下前中心に引き抜く

編み始め
（後ろ中心）

肩紐

作り目＝くさり 55 目（約 19cm）
（裏山を引き抜く）

左足　チェーンつなぎ

股下前中心

右足　チェーンつなぎ

股下前中心

右足 9段目

編み始め
（後ろ中心）

左足9段目に
糸を付ける

肩紐を本体に
縫い付ける

4cm（11段）
4　15cm　4
6.5cm

4 着物 » p.23　 **5** 帯 » p.23

糸　ハマナカ ピッコロ　山吹（25）5g、
　　ピンクオレンジ（47）17g、白（1）1g
針　かぎ針 4/0 号、とじ針、縫い針
その他　スプリングホック 2 組、縫い糸（黄）少々

作り方
1 着物下を編む。くさり編み 13 目で作り目をし、編み図のとおりに編む。
2 着物上を編む。編み図のとおりに編み、袖ぐりから 19 目を拾い袖を編む。着物上と下をとじ付け、縁編みをする。
3 半襟を編み、着物上にとじ付ける。
4 帯のパーツを編む。
5 パーツを組み立て、縫い針でスプリングホックを縫い付ける。

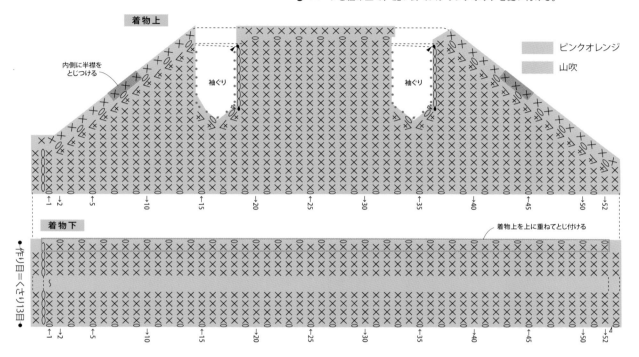

着物上

内側に半襟をとじつける

袖ぐり　　　袖ぐり

ピンクオレンジ
山吹

↑1 ↓2 ↓5 →10 ↑15 ↓20 ↓25 ↓30 ↑35 →40 ↓45 ↑50 ↓52

着物下

着物上を上に重ねてとじ付ける

作り目＝くさり13目

↑1 ↓2 ↓5 →10 ↑15 ↓20 ↓25 ↓30 ↑35 →40 ↓45 →50 ↓52

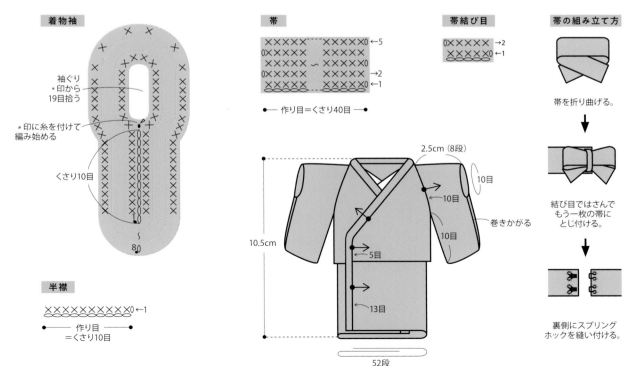

着物袖

袖ぐり
・印から
19目拾う

・印に糸を付けて
編み始める

くさり10目

〜80

半襟

××××××××××0 ←1
作り目
＝くさり10目

帯

0×××××××××× ←5
0×××××××××× →4
0×××××× 〜 ×××× →2
××××××××××0 ←1
← 作り目＝くさり40目 →

帯結び目

0×××××× →2
××××××0 ←1

帯の組み立て方

帯を折り曲げる。

結び目ではさんで
もう一枚の帯に
とじ付ける。

裏側にスプリング
ホックを縫い付ける。

2.5cm（8段）
10目
10目
巻きかがる
10目
5目
13目
10.5cm
52段

21 チャイナ風 ジャケット ≫p.30

糸　ハマナカ ピッコロ　朱赤 (26) 5g
針　かぎ針 4/0 号、とじ針

作り方
1　身頃を編む。くさり編み 43 目で作り目をし、編み図のとおりに編む。
2　袖を編む。袖ぐりから 17 目拾って編む。
3　ボタン、ボタンループを編み図のとおりに編み、それぞれ編み終わりの糸は約 20cm 残してカットする。残した糸をとじ針に通し、指定の位置に縫い付ける。

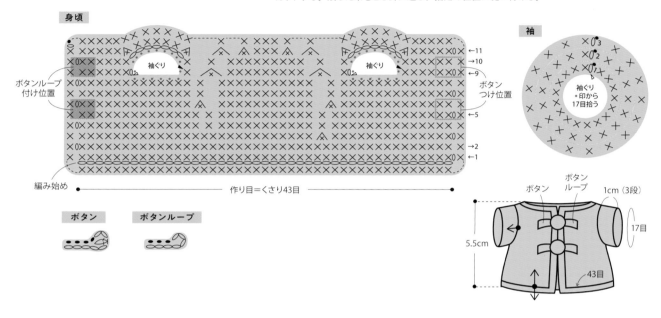

身頃
ボタンループ付け位置
袖ぐり
ボタンつけ位置
←11
→10
←5
→2
←1
編み始め
作り目＝くさり43目
ボタン
ボタンループ

袖
袖ぐり・印から17目拾う

ボタン
ボタンループ
1cm（3段）
17目
5.5cm
43目

48 チャイナ風 帽子 ≫p.30

糸　ハマナカ ピッコロ　朱赤 (26) 1g、ライトグリーン (24) 1g、黒 (20) 1g、黄 (42) 1g
針　かぎ針 4/0 号、とじ針

作り方
1　本体を編む。わの作り目から編み図のとおりに編む。編み終わりの糸は約 20cm 残してカットする。
2　帽子飾りを編む。残り糸をとじ針に通し、指定の位置に縫い付ける。

本体

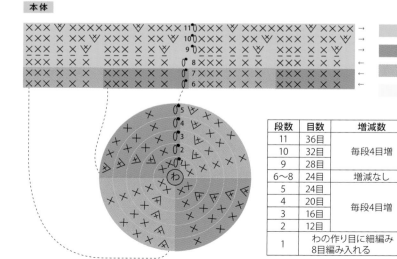

| | 朱赤 |
| ライトグリーン |
| 黒 |
| 黄 |

段数	目数	増減数
11	36目	毎段4目増
10	32目	
9	28目	
6～8	24目	増減なし
5	24目	毎段4目増
4	20目	
3	16目	
2	12目	
1	わの作り目に細編み 8目編み入れる	

帽子飾り
最終段に糸を通してしぼる

段数	目数	増減数
2	5目	増減なし
1	わの作り目に細編み 5目編み入れる	

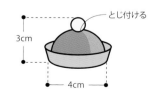

とじ付ける
3cm
4cm

 6 アラビアン風 ベアトップ » p.33

糸　ハマナカ ウオッシュコットン《クロッシェ》
　　エメラルド（142）3g
針　かぎ針 3/0 号、縫い針
その他　パールビーズ（6mm）2 個、縫い糸（白）少々

作り方
1　身頃を編む。くさり編み 40 目で作り目をし、編み図のとおりに編む。
2　袖を編む。袖ぐりから 19 目拾って編む。
3　指定の位置に縫い針でパールビーズを縫い付ける。

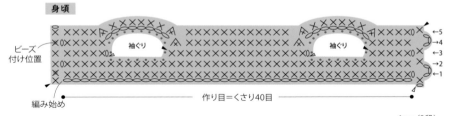

身頃

ビーズ付け位置

編み始め

作り目＝くさり40目

袖

袖ぐり
・印から
19目拾う

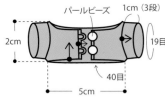

パールビーズ
1cm（3段）
2cm
40目
5cm
19目

 7 アラビアン風 ベール » p.33

糸　ハマナカ ウオッシュコットン《クロッシェ》白（101）4g
針　かぎ針 3/0 号
作り方　くさり編み 29 目で作り目をし、編み図のとおりに編む。

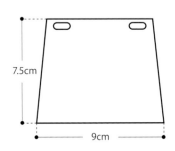

7.5cm

9cm

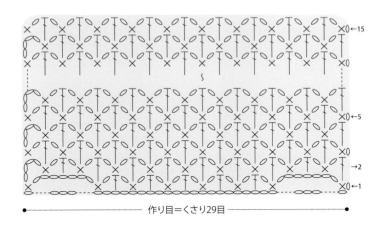

作り目＝くさり29目

 47 髪飾り » p.23

糸　ハマナカ ピッコロ　薄紫（14）1g、黄（42）1g
針　かぎ針 4/0 号
作り方　わの作り目から編み図のとおりに編む。

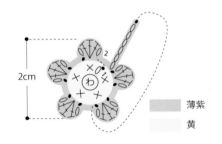

2cm
わ

薄紫
黄

8 アンデス風 ポンチョ » p.31

糸	ハマナカ ピッコロ　赤 (6) 3g、ショッキングピンク (22) 2g、薄青 (23) 2g、緑 (10) 2g
針	かぎ針 4/0 号、縫い針
その他	ボタン (直径 4mm) 4 個、縫い糸 (赤) 少々

作り方
1 くさり編み 33 目で作り目をし、編み図のとおりに編む。
2 縫い針でボタン付け位置にボタンを縫い付ける。

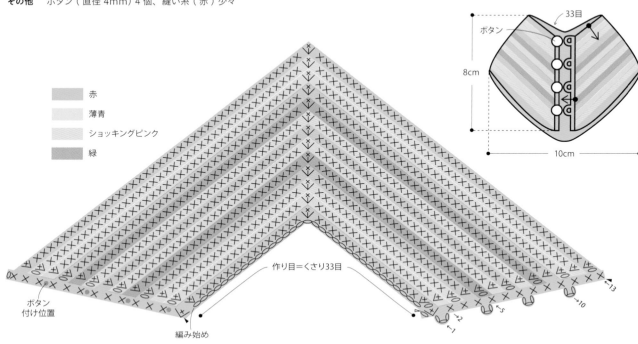

- 赤
- 薄青
- ショッキングピンク
- 緑

ボタン付け位置
編み始め
作り目＝くさり33目

33目
ボタン
8cm
10cm

49 アンデス風 帽子 » p.31

糸	ハマナカ ピッコロ　茶 (29) 2g
針	かぎ針 4/0 号
作り方	わの作り目から編み図のとおりに編む。

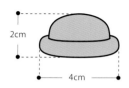

2cm
4cm

段数	目数	増減数
10〜11	32目	増減なし
9	32目	+8目
5〜8	24目	増減なし
4	24目	
3	18目	毎段6目増
2	12目	
1	わの作り目に細編み6目編み入れる	

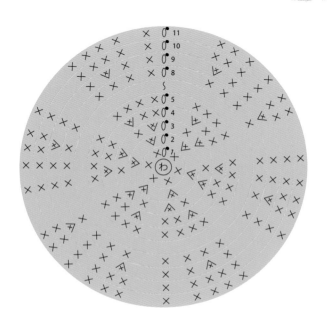

27 チャイナ風 パンツ »p.30 　 28 アンデス風 パンツ »p.12,14,31

糸　ハマナカ ピッコロ 27 朱赤　　作り方
(26) 6g、28 茶 (29) 6g
針　かぎ針 4/0 号、とじ針

1 くさり編み 22 目（作り目）を輪にし、股下（8 段目まで）を 2 枚編む。このとき 1 枚目の編み終わりの糸は約 20cm 残してカットする。2 枚目は糸を切らずに休ませておく。まち部分（←→）は、1 枚目の残り糸をとじ針に通し、矢印の先の目を巻きかがる。
2 1 で休ませておいた糸で、続けて股上（9 段目から）部分を編む。

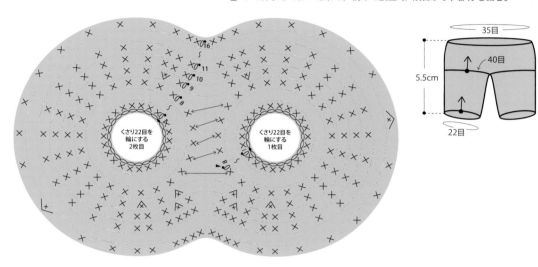

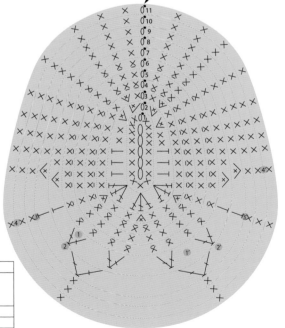

63 厚底ブーツ »p.3,14

糸　ハマナカ ピッコロ　朱赤 (26) 8g
針　かぎ針 3/0 号、とじ針
その他　ワックスコード細タイプ（黒）36cm 2本、手芸用ボンド
作り方
1 ブーツを編む。くさり編み 5 目で作り目をし、こま編み 17 目を編み入れて編み図のとおりに編む。
2 中敷を編む。2 段目までを 2 枚編み、手芸用ボンドで貼り合わせてブーツの中に敷く。
3 ワックスコードを通し、リボン結びをする。同じものをもう 1 足編む。

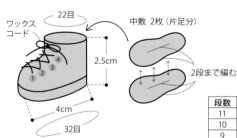

●=ワックスコード差し込み位置

段数	目数	増減数
11		
10	22目	増減なし
9		
8	22目	-4目
7	26目	-6目
6	32目	増減なし
5		(4・6段目はすじ編み)
4		
3	32目	+5目
2	27目	+10目
1	くさり5目の作り目に細編み17目編み入れる	
	くさり5目の作り目	

29 アラビアン風 パンツ 》p.33

糸　ハマナカ ウオッシュコットン
《クロッシェ》エメラルド（142）8g、
黄（104）1g
針　かぎ針 3/0 号

作り方
1　くさり編み 26 目（作り目）を輪にし、編み図のとおりに股下（11 段目まで）を 2 枚編む。このとき、1 枚目の編み終わりの糸は約 20cm 残してカットする。まち部分（←→）は、1 枚目の残り糸をとじ針に通し、矢印の先の目を巻きかがる。
2　股上（12 段目から）部分を編み図のとおりに編む。
3　それぞれ作り目の反対側から目を拾い、（104）の糸で裾を 1 段編む。

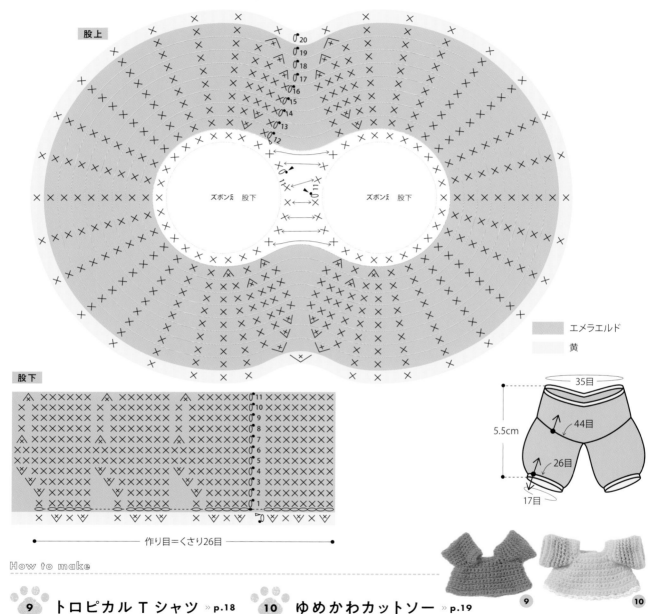

股上

□ エメラエルド
□ 黄

35目
5.5cm
44目
26目
17目

股下
作り目＝くさり26目

9 トロピカル T シャツ 》p.18

糸　ハマナカ ピッコロ
9 ショッキングピンク（22）7g
10 レモン（8）6g、水色（12）1g、ラベンダー（49）1g、ピンク（4）1g、ハマナカ かわいい赤ちゃん〈ピュアコットン〉白（1）1g
針　かぎ針 3/0 号、とじ針、縫い針
その他　スナップボタン 各 2 組、縫い糸（濃いピンク、黄）少々

10 ゆめかわカットソー 》p.19

作り方
1　身頃を編む。それぞれ指定の色でくさり 36 目で作り目をし、編み図のとおりに 12 段目まで編む。10 の 13 段目は（1）の糸で編む。
2　袖を編む。袖ぐりから 19 目拾って編む。
3　縫い針でスナップボタンを縫い付ける。

身頃

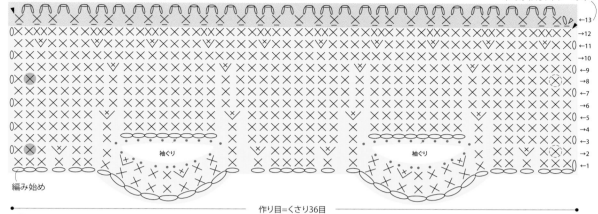

すそ側　　　　　　　　　　　　ゆめかわカットソーのみ

←13
→12
←11
→10
←9
→8
→7
←6
→5
→4
←3
→2
←1

編み始め

袖ぐり　　　　　　　　　　　袖ぐり

作り目＝くさり36目

● ＝スナップボタン凸縫い付け位置

◌ ＝スナップボタン凹縫い付け位置

襟側

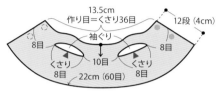

13.5cm
作り目＝くさり36目
12段（4cm）
袖ぐり
8目　　8目
くさり　10目　くさり
8目　　8目
22cm（60目）

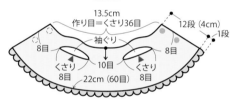

13.5cm
作り目＝くさり36目
12段（4cm）
1段
袖ぐり
8目　　8目
くさり　10目　くさり
8目　　8目
22cm（60目）

段数	配色	
	トロピカル Tシャツ	ゆめかわ カットソー
13		白（1）
1~12	ショッキング ピンク （22）	レモン （8）

袖

袖ぐり●印から19目拾う

段数	配色	
	トロピカル Tシャツ	ゆめかわ カットソー
8		ピンク（4）
7	ショッキング ピンク （22）	
5・6		ラベンダー（49）
3・4		水色（12）
1・2		レモン（8）

How to make

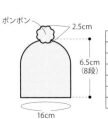 **55 ポンポンニット帽子** » p.16

糸　ハマナカ モヘア　白（1）8g
針　かぎ針 3/0 号、とじ針
作り方
1 わの作り目から編み図の とおりに編む。
2 ポンポンを作る。5cm 幅の厚紙に 30 回毛糸を 巻いて作る。 ポンポンの 輪は切らずに広げる。
3 ポンポンを作る際、中央 を結んだ残り糸をとじ針 に通し、帽子の中央に縫 い付ける。

チェーンつなぎ

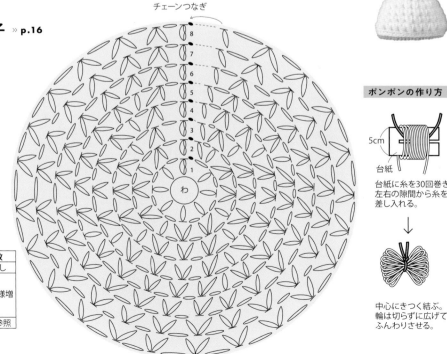

ポンポンの作り方

5cm

台紙

台紙に糸を30回巻き、 左右の隙間から糸を 差し入れる。

↓

中心にきつく結ぶ。 輪は切らずに広げて ふんわりさせる。

ポンポン
2.5cm
6.5cm（8段）
16cm

段数	模様数	増減数
6~8	24	増減なし
5	24	
4	20	毎段4模様増
3	16	
2	12	
1	8	編み図参照

11 ビッグシルエットカットソー ≫ p.3,16

糸 A：ハマナカ モヘア《カラフル》
　　　紫系（305）10g
　　B：ハマナカ ポームベビーカラー《クロッシェ》
　　　生成り（601）3g

針 かぎ針 3/0 号、4/0 号、とじ針

その他 刺しゅう糸（黒）25cm 1 本、スナップボタン
　　2 組、縫い糸（薄紫）少々

作り方
1 襟を編む。B の糸を 3/0 号のかぎ針でくさ
　り編み 37 目で作り目をし、2 段編む。
2 身頃を編む。A の糸を 4/0 号のかぎ針で作
　り目の反対側から目を拾い、編み図のとお
　りに編む。13 段目以降は輪につないで往
　復編みで編む。20 段目で B の糸に変え、
　3/0 号のかぎ針で裾を 2 段編む。
3 袖を編む。袖ぐりから 21 目拾って編む。
4 縫い針で指定の位置にスナップボタンを縫
　い付ける。
5 刺しゅう糸 3 本どりをとじ針に通して肩の編
　み目を縦 2 段、横 4 目ずつ拾ってクロスに
　通し、リボン結びをする。

袖

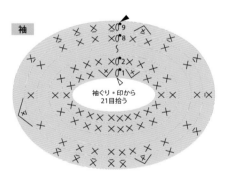

袖ぐり・印から
21目拾う

37目
3cm（9段）
18目
8cm

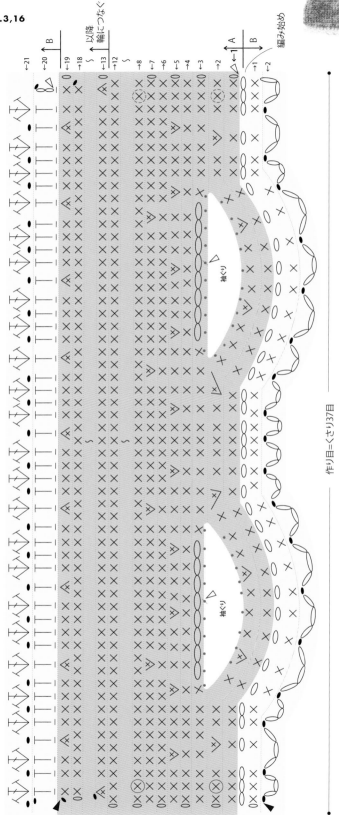

12 フード付きコート » p.29

糸	ハマナカ 世界のコットン インドストレート　水色 (7) 20g
	ハマナカ メリノウールファー　白 (1) 3g
針	かぎ針 3/0 号、とじ針、縫い針
その他	スプリングホック　3組、縫い糸（白）少々

作り方

1 フード部分から身頃を編む。くさり編み 8 目で作り目をし、細編み 18 目を編み入れて編み図のとおりに編む。

2 袖を編む。袖ぐりから 19 目拾って 7 段編む。8 段目は (1) の糸で編む。

3 (1) で縁編みをし、縫い針でスプリングホックを縫い付ける。

4 ベルトを編む。縫い針で指定の位置に縫い付ける。

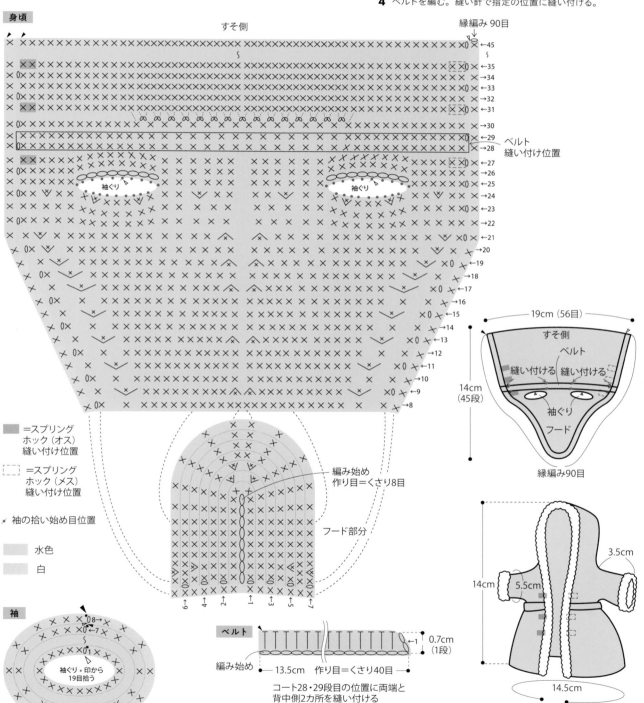

身頃

すそ側　　　　縁編み 90目

←45
→35
→34
→33
→32
→31
→30
←29　ベルト 縫い付け位置
←28
←27
←26
←25
←24
→23
→22
→21
→20
→19
→18
→17
→16
→15
→14
→13
→12
→11
→10
→9
→8

袖ぐり　　袖ぐり

▨ =スプリング ホック（オス） 縫い付け位置

▢ =スプリング ホック（メス） 縫い付け位置

✂ 袖の拾い始め目位置

▨ 水色
▢ 白

編み始め 作り目＝くさり8目

フード部分

袖

0 8→
×0 ←7
0 ←1
袖ぐり・印から 19目拾う

ベルト

編み始め
13.5cm　作り目＝くさり40目
0.7cm (1段)
コート28・29段目の位置に両端と 背中側2カ所を縫い付ける

19cm（56目）
すそ側
ベルト
縫い付ける　縫い付ける
14cm（45段）
袖ぐり
フード
縁編み90目

14cm
5.5cm
3.5cm
14.5cm

65

13 サマーセーター » p.15,27

糸　ハマナカ フラックスC　白 (1) 8g
針　かぎ針 3/0 号、とじ針、縫い針
その他　ボタン (直径 6mm) 1 個、縫い糸 (白)
　　　　少々

作り方
1　糸 2 本どりで編む。くさり編み 20 目で作り目をし、編み図のとおりに編む。 6 段目までは往復編み、7 段目から輪に編む。
2　糸を付け、くさり編み 6 目でボタンホールを編む。
3　縫い針でボタンを縫い付ける。

袖ぐり　　　袖ぐり

作り目＝くさり20目

●＝ボタン縫い付け位置

編み始め

8cm（20目）
4.5cm（10段）
16cm（38目）

16 ラグランセーター 長袖 » p.14

17 ラグランセーター 半袖 » p.13

糸　ハマナカ 純毛中細　16 マスタード (43) 7g
　　17 赤 (10) 6g、ハマナカ 純毛中細《グラデーション》
　　赤系 (104) 1g
針　かぎ針 3/0 号、とじ針、縫い針
その他　ボタン(直径 6mm) 各 1 個、縫い糸 (赤 、マスタード) 少々
作り方
1　くさり編み 32 目で作り目をし、編み図のとおりに編む。
2　糸を付け、縁編みを編む。
3　長袖は袖ぐりから 15 目拾って袖を輪に編む。
4　半袖は (104) の糸でポケットを編み、縫い付ける。
5　縫い針でボタンを縫い付ける。

14　17

袖（長袖）
チェーンつなぎ
袖ぐり●印から
15目拾う

11cm（32目+2段）
4.3cm（15段）
4.5cm（13段）
15cm（44目+2段）

3cm（8段）
11cm（32目+2段）
4.5cm（13段）
15cm（44目+2段）

ポケット（半袖）
1.2cm（4段）
1.2cm
作り目＝くさり4目

袖ぐり　　　袖ぐり

縁編み（1段）
編み始め
作り目＝くさり32目
●＝ボタン縫い付け位置
縁編み（1段）

66

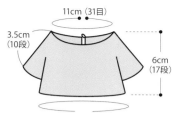

14 アランセーター »p.16

糸	ハマナカ 純毛中細　グレージュ (02) 8g
針	かぎ針 2/0 号、とじ針、縫い針
その他	ボタン (直径 6mm) 4 個、縫い糸 (白) 少々

作り方
1　くさり編み 31 目で作り目をし、編み図の
　　とおりに編む。

2　糸を付け、縁編みを編む。

3　縫い針でボタンを縫い付ける。
　　※下の 3 個は飾りボタンです。

11cm (31目)
3.5cm (10段)
6cm (17段)
14.5cm (42目+2段)

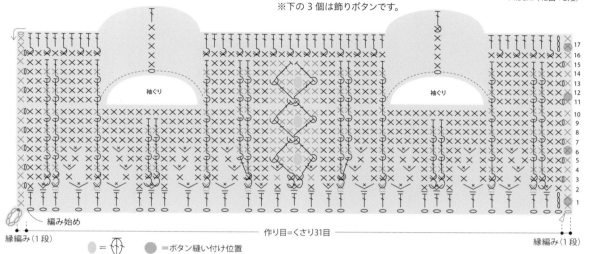

縁編み(1 段)

編み始め

作り目=くさり31目

縁編み(1 段)

　= ＝ボタン縫い付け位置

15 ボーダーセーター »p.15,32

糸	ハマナカ 純毛中細 白 (1) 4g、赤 (10) 2g
針	かぎ針 3/0 号、とじ針、縫い針
その他	ボタン (直径 6mm) 1 個、縫い 糸 (白) 少々

作り方
1　身頃を編む。くさり編み 32 目で作り目をし、
　　編み図のとおりに編む。6 段までは往復編み、
　　7 段目からは輪に編む。

2　袖を編む。袖ぐりから 15 目拾って輪に編む。

3　ボタンホールを編む。糸を付け、くさり編み 6
　　目で編む。

4　縫い針でボタンを縫い付ける。

チェーンつなぎ

袖

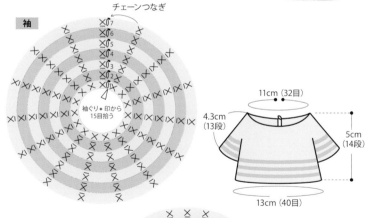

袖ぐり・印から
15目拾う

11cm (32目)
4.3cm (13段)
5cm (14段)
13cm (40目)

身頃

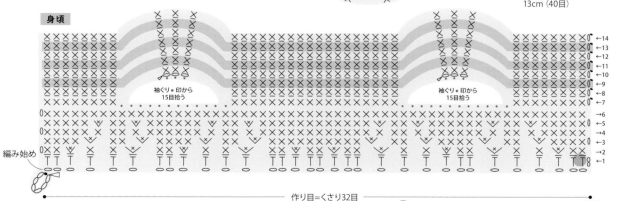

編み始め

袖ぐり・印から
15目拾う

袖ぐり・印から
15目拾う

作り目=くさり32目

　=ボタン縫い付け位置　　　白　　　赤

67

18 パーカー »p.14

糸	ハマナカ 純毛中細　水色 (39) 13g
針	かぎ針 3/0 号、とじ針、縫い針
その他	ボタン（直径 1cm）1 個、縫い糸（水色） 少々、コード（1mm 幅）10cm

※着せ替えの際はフードの前面から体を出し入れしてく
　ださい。動物によってはフードは被れません。

作り方

1　身頃を編む。くさり編み 29 目で作り目をし、編み図のとおりに編む。

2　袖を編む。袖ぐりから 15 目拾って輪に編む。

3　フード①②を編む。作り目の反対側から 14 目ずつ目を拾って編む。それぞれ 16 段編み、
　17 段目からは①→②と続けて編む。 フードのトップをつき合わせて巻きかがる。

4　フードの前後それぞれに糸を付けて縁編みを編む。前側の縁編みの編み始めと編み終わ
　りをフードの間の 1 目に巻きかがる。

5　ポケットを編み、縫い針で指定の位置に縫い付ける。

6　糸を付け、くさり編み 6 目でボタンホールを編む。縫い針でボタンを縫い付ける。

7　コードをフードの前に通し、端を結ぶ。

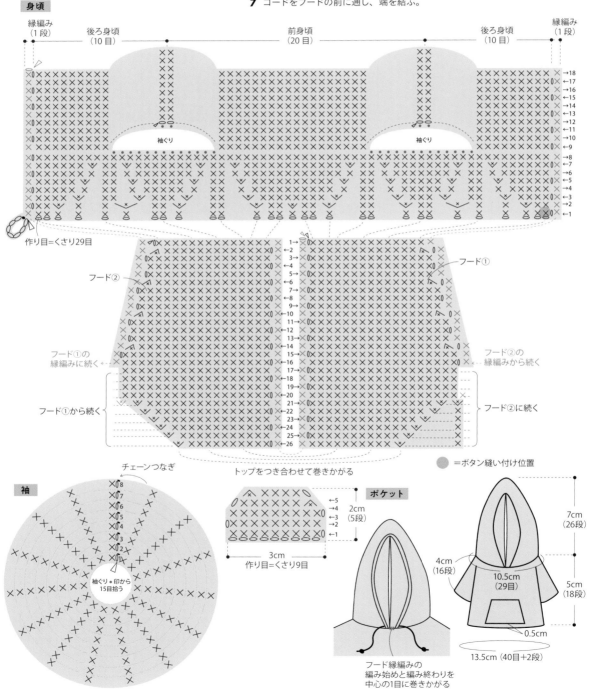

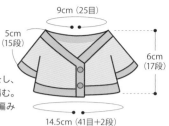

19　Ｖネックカーディガン　≫p.13

糸	ハマナカ 純毛中細《グラデーション》 ピンク系 （102）6g、ハマナカ 純毛中細　ブルー（17）2g
針	かぎ針 3/0 号、とじ針、縫い針
その他	ボタン（直径 6mm）4 個、縫い糸（ピンク）少々

作り方

1　身頃を編む。くさり編み 25 目で作り目をし、編み図のとおりに編む。続けて縁編みを編む。

2　袖を編む。袖ぐりから 13 目拾って往復編みで輪に編む。

3　縫い針でボタンを縫い付ける。

9cm（25目）
5cm（15段）
6cm（17段）
14.5cm（41目＋2段）

身頃

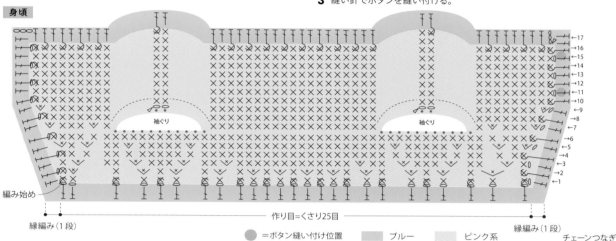

袖ぐり　←17　←16　←15　←14　←13　←12　←11　←10　→9　→8　→7　→6　→5　→4　→3　→2　→1

編み始め

縁編み（1段）　作り目＝くさり25目　縁編み（1段）

● ＝ボタン縫い付け位置　　ブルー　　ピンク系

袖　チェーンつなぎ

袖ぐり ● 印から13目拾う

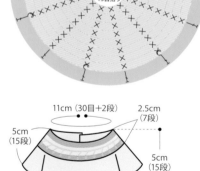

20　編み込み風セーター　≫p.12

糸	ハマナカ 純毛中細　白（1）5g、ネイビー（19）3g、マスタード（43）1g、赤（10）1g
針	かぎ針 3/0 号、とじ針、縫い針
その他	ボタン（直径 6mm）3 個、縫い糸（白）少々

作り方

1　身頃を編む。くさり編み 30 目で作り目をし、編み図のとおりに編む。

2　袖を編む。袖ぐりから 13 目拾って輪に編む。

3　糸を付け、縁編みをする。

4　縫い針でボタンを縫い付ける。

※前後を逆にして、カーディガンとしても着られます。

袖　チェーンつなぎ

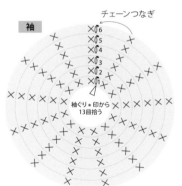

袖ぐり ● 印から13目拾う

11cm（30目＋2段）　2.5cm（7段）
5cm（15段）
5cm（15段）
16.5cm（48目＋2段）

身頃

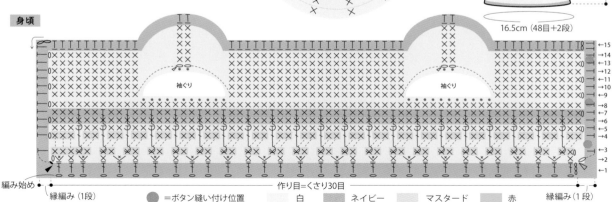

袖ぐり　←15　→14　→13　→12　→11　→10　→9　→8　→7　→6　→5　→4　→3　→2　→1

編み始め

縁編み（1段）　作り目＝くさり30目　縁編み（1段）

● ＝ボタン縫い付け位置　　白　　ネイビー　　マスタード　　赤

31 ペチパンツ »p.25   32 バルーンパンツ »p.19

糸　**31** ハマナカ かわいい赤ちゃん〈ピュアコットン〉　白（1）12g
　　32 ハマナカ ピッコロ　ラベンダー（49）9g

針　かぎ針 3/0 号、とじ針

作り方　くさり編み 40 目を輪にし（作り目）、編み図のとおりに 12 段目まで編む。13 段目は半分の 37 目を編み、13 段目の編み始めの目に引き抜き輪にする。続けて 18 段目まで編む（右足）。12 段目の残り 37 目に細編みを編み入れ、編み始めの目に引き抜き輪にする。続けて ⑱ 段目まで編む（左足）。

左足

段数	目数	増減数
⑱		編み図参照
⑰	19目	-18目
⑭〜⑯	37目	増減なし
⑬		12段目の残りの37目に細編みを編み入れる

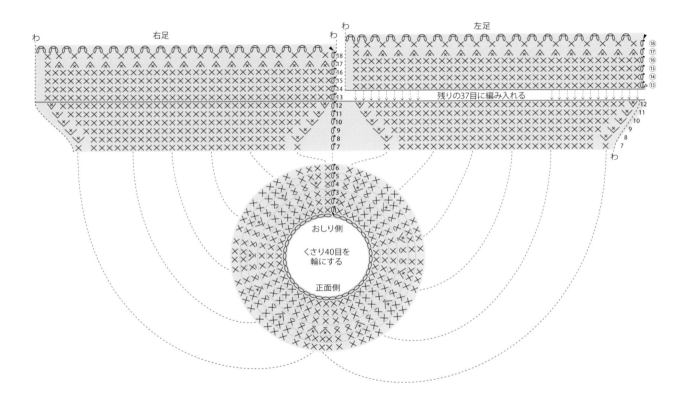

段数	目数	増減数	
18		編み図参照	
17	19目	-18目	右足
14〜16	37目	増減なし	
13	37目		
12	74目		
11	70目		
10	66目	毎段4目増	
9	62目		
8	58目		
5〜7	54目	増減なし	
4	54目	+14目	← すじ編み
3	40目	増減なし	
2			
1		くさり40目に細編みを編み入れる	

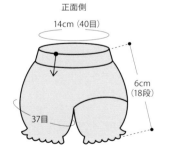

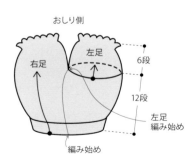

33 アラン模様のパンツ »p.14,16

糸 ハマナカ 純毛中細 グレージュ（02）7g
針 かぎ針 2/0 号、とじ針

作り方 くさり編み 44 目（作り目）を輪にし、1、2 段目は同じ方向に編み、3 段目から一段ごとに往復編みをする。表側になる偶数段でアラン模様にする。14 段目はくさり編み 3 目を編んで前中心に引き抜く。このくさり編み 3 目を股下にして右足を編む。股下のくさり編み 3 目の後ろ中心側に糸を付け、左足を編む。

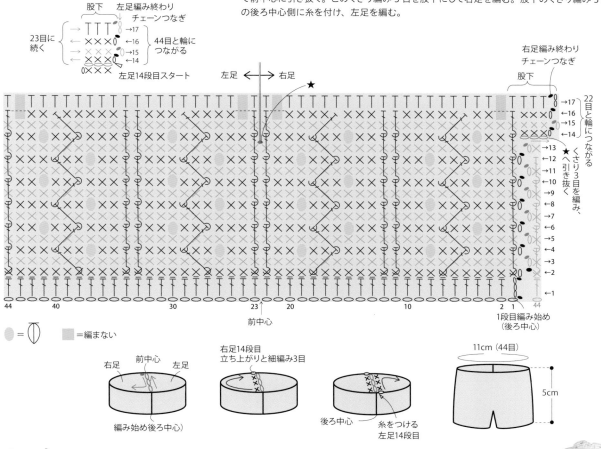

● = ⬭ ▨=編まない

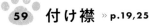

59 付け襟 »p.19,25

糸 ハマナカ かわいい赤ちゃん〈ピュアコットン〉白（1）2g
針 かぎ針 3/0 号、とじ針
その他 手芸用ボンド
作り方 1 くさり編み 99 目を編む。33 目めに糸を付け、編み図のとおりに編む。
2 1 の編み始めと編み終わりの両端に手芸用ボンドを付け、乾いたら余分な糸をカットする。

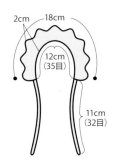

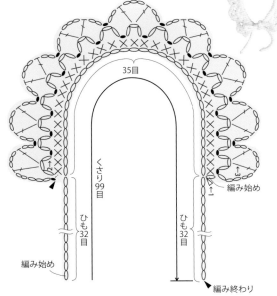

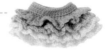

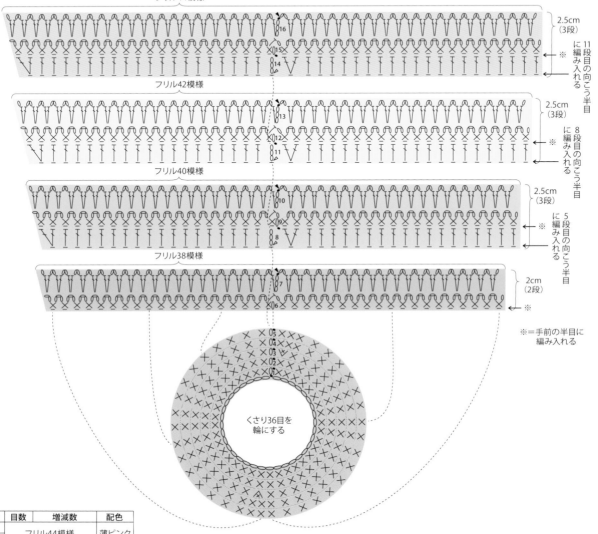

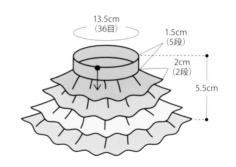

34 フリルスカート ≫p.18

糸　ハマナカ ピッコロ　アイスグリーン (48) 5g、
　　水色 (12) 4g、クリーム (41) 4g、薄ピンク (40) 4g

針　かぎ針 3/0 号、とじ針

作り方
1　くさり編み 36 目 (作り目) を輪にし、編み図のとおりに編む。
2　6 段目のすじ編みは手前半目を拾い編む。
3　8、11、14 段目のすじ編みは、それぞれ 5、8、11 段目の向こう半目を拾い編む。

フリル44模様

2.5cm
(3段)

※ 11段目の向こう半目に編み入れる

フリル42模様

2.5cm
(3段)

※ 8段目の向こう半目に編み入れる

フリル40模様

2.5cm
(3段)

※ 5段目の向こう半目に編み入れる

フリル38模様

2cm
(2段)

※

くさり36目を
輪にする

※=手前の半目に
編み入れる

段数	目数	増減数	配色
16	フリル44模様		薄ピンク (40)
15			
14	44目	+2目	
13	フリル42模様		クリーム (41)
12			
11	42目	+2目	
10	フリル40模様		水色 (12)
9			
8	40目	+2目	
7	フリル38模様		アイスグリーン (48)
6			
5	38目	増減なし	
4	38目		
3	38目	+2目	
2	36目	増減なし	
1	くさり36目に 細編みを編み入れる		

フリルの模様編みの編み方

1模様

2段分

前段の手前の半目に
編み入れる

13.5cm
(36目)

1.5cm
(5段)

2cm
(2段)

5.5cm

35 フリル巻きスカート » p.13

糸　ハマナカ 純毛中細《グラデーション》 赤系 (104) 6g
針　かぎ針 3/0 号、とじ針

作り方
1　くさり編み 41 目で作り目をし、編み図のとおりに 3 段編み、4 段目にフリルを編む (編み図 A)。 5 段目は 1 段目に糸を付け、(長編みに) フリルを編む (編み図 B)。2 ～ 4 段目の編み地は向こう側に倒して編む。 6 段目は 2 段目に糸を付け、フリルを編む (編み図 C)。
2　作り目の両脇に糸を付け、くさり編みで紐を 2 本編む。

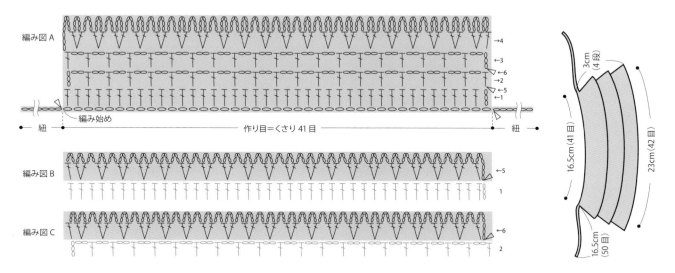

37 サマーワンピース » p.26

糸　ハマナカ サマードロップ　ブルー系 (02) 7g
針　かぎ針 3/0 号

作り方
1　身頃を編む。くさり編み 31 目で作り目をし、後ろ身頃 A を編む。作り目に糸を付けて前身頃、後ろ身頃 B を編み図のとおりに編む。
2　スカートを編む。作り目の反対側から目を拾って編む。

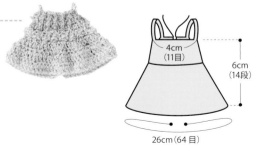

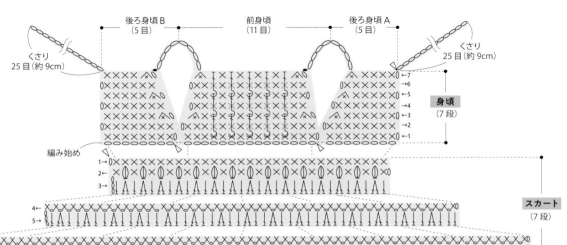

38 編み込み風ワンピース »p.12

糸　ハマナカ 純毛中細　ネイビー (19) 4g、白 (01) 2g、マスタード (43) 1g、赤 (10) 1g

針　かぎ針針 3/0 号、とじ針、縫い針

その他　ボタン (直径 6mm) 1 個、縫い糸 (ネイビー) 少々

作り方
1　くさり編み 32 目で作り目をし、編み図のとおりに編む。5 段目から輪編みで編む。9 段目に (43) の糸、10 段目に (10) で表側から引き抜いてチェーンステッチを 1 周する。
2　糸を付け、くさり編み 6 目でボタンホールを編む。
3　縫い針でボタンを縫い付ける。

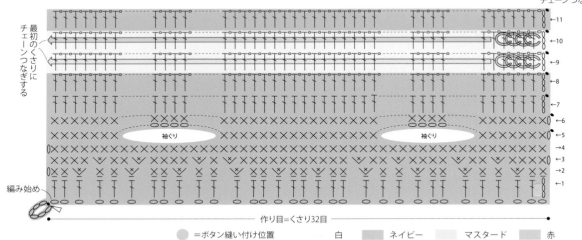

=ボタン縫い付け位置　　白　　ネイビー　　マスタード　　赤

---

42 いちごポシェット »p.25

糸　ハマナカ ピッコロ　朱赤 (26) 2g、黄緑 (9) 1g

針　かぎ針 3/0 号、とじ針、刺しゅう針

その他　刺しゅう糸 (黒) 少々

作り方
1　本体を編む。わの作り目から編み図のとおりに編む。すじ編みをした部分を入れ口を折り返す。
2　肩紐を編む。くさり 45 目で作り目をし、本体の脇に引き抜く。引き抜き編みで折り返し、編み始めと編み終わりの糸でもう片方の脇にとじ針で縫い付ける。
3　刺しゅう糸 6 本どりで種を刺しゅうする。

段数	目数	増減数	配色
17	編み図参照		黄緑 (9)
16	16目	増減なし (15段目はすじ編み)	
15			
14			
13			朱赤 (26)
12	16目	毎段4目減	
11	20目		
8~10	24目	増減なし	
7	24目	毎段4目増	
6	20目		
5	16目		
4		増減なし	
3	12目		
2			
1	わの作り目に細編み 6目編み入れる		

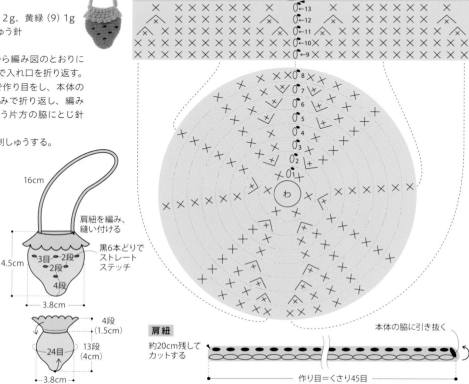

本体

肩紐を編み、縫い付ける

黒6本どりでストレートステッチ

16cm

4.5cm

3.8cm

4段 (1.5cm)

13段 (4cm)

24目

3.8cm

肩紐

約20cm残してカットする

本体の脇に引き抜く

作り目=くさり45目

39 いちごワンピース »p.25

糸　ハマナカ ピッコロ　ピンク (4) 8g、ショッキングピンク (22) 2g
針　かぎ針 3/0 号、とじ針、縫い針
その他　スナップボタン　3 組、縫い糸 (ピンク) 少々
作り方　**1** くさり 36 目で作り目をし、編み図のとおりに編む。17 段目
　　　　でいちご模様を編む。細編みを 4 目を編み、(22) の糸でくさ
　　　　り 1 目、続けて前々段 (15 段目) に針を入れ、長編み 5 目
　　　　の玉編みを編む。(4) でくさり 1 目と細編み 4 目を編み、(22)
　　　　でくさり 1 目長編み 5 目の玉編みを編む、これを繰り返す。
　　　　2 縫い針でスナップボタンを縫い付ける。

いちご模様の編み方

```
  × × × ×××× × × ←19
  × × × ×××× × × ←18
  × × × ×○× × × ←17
  × × × ×○× × × ←16
  × × × × × × × ←15
```

🍓 = 長編み5目の玉編み

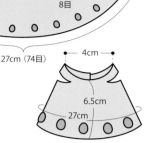

13.5cm (36目)
6.5cm (19段)
袖ぐり
8目
くさり
8目
27cm (74目)

4cm
6.5cm
27cm

すそ側

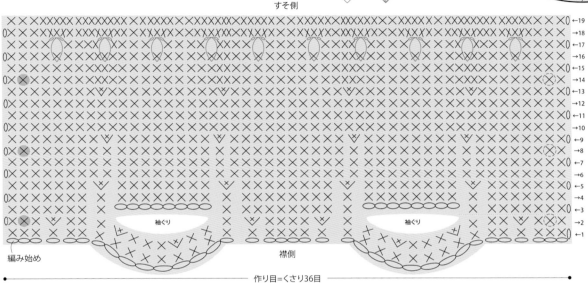

すそ側

←19
→18
←17
→16
←15
→14
←13
→12
←11
→10
←9
→8
←7
→6
←5
→4
←3
→2
←1

編み始め　袖ぐり　襟側　袖ぐり

—— 作り目＝くさり36目 ——

● ＝スナップボタン凸縫い付け位置
◌ ＝スナップボタン凹縫い付け位置

56　57

56 ベレー帽 S »p.12　　57 ベレー帽 M »p.12,32

糸　ハマナカ モヘア　赤 (35) **56** 3g、**57** 4g
針　かぎ針 3/0 号、とじ針

作り方　**1** わの作り目から編み図のとおりに編む。
　　　　2 帽子飾りを編む。くさり編みを編み輪にし、とじ針で帽子の中央にとじ付ける。

S
チェーンつなぎ

M
10回繰り返して1周編む
チェーンつなぎ

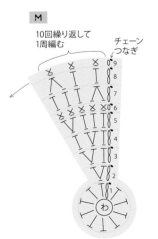

段数	S		M	
	目数	増減	目数	増減
9			30目	増減なし
8			30目	毎段10目減
7	20目	毎段10目減	40目	
6	30目		50目	増減なし
5	40目	増減なし	50目	
4	40目		40目	毎段10目増
3	30目	毎段10目増	30目	
2	20目		20目	
1	わの作り目に中長編み10編み入れる			

立ち上がりのくさりは目数に含まない

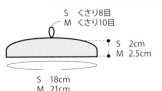

S　くさり8目
M　くさり10目

S　2cm
M　2.5cm

S　18cm
M　21cm

40 オーバーオール ≫ p.15,32

糸　ハマナカ 純毛中細　ブルー（17）10g
針　かぎ針 3/0 号、とじ針、縫い針
その他　ボタン（直径 4mm）3 個、縫い糸（青）少々

作り方

1 本体を編む。くさり編み 44 目を輪にし（作り目）、編み図のとおりに 10 段編む。11 段目はくさり編み 4 目を編んで前中心に引き抜く。このくさり編み 4 目を股下にして右足を編む。股下のくさり編み 4 目の後ろ中心側に糸を付け左足を編む。

2 胸当てを編む。作り目の反対側 27 目めから目を拾って編む。

3 肩紐を編む。1 本は胸当てから続きで編み、もう 1 本は指定の位置に糸を付けて編み、とじ針で縫い付ける。

4 縫い針で胸当てにボタンを縫い付ける。

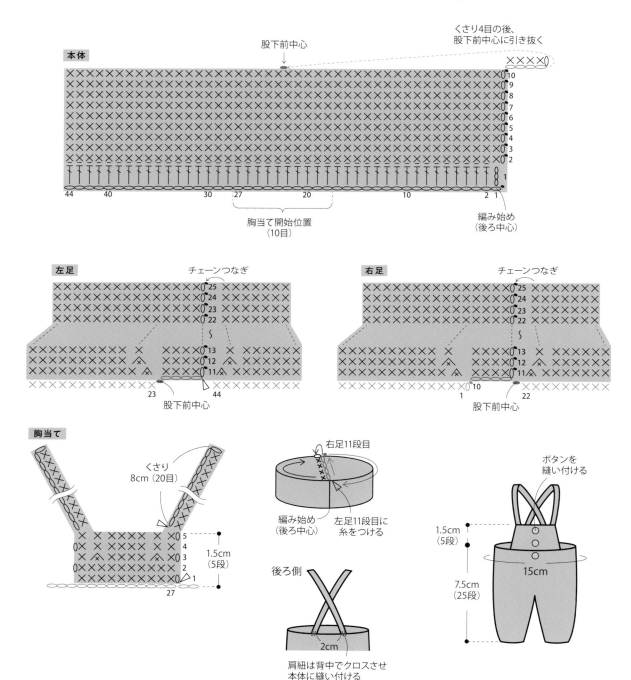

| 52 | カンカン帽 » p.15 | 53 | ワークキャップ » p.15,27 | 54 | 麦わら帽子 » p.26 |

糸　ハマナカ エコアンダリヤ
　52 ベージュ（23）9g、ブルー（20）2g
　53 ベージュ（23）7g、キャンディピンク（46）2g
　54 ベージュ（23）8g
針　かぎ針 3/0 号
その他　54 リボン（水色 1.3cm 幅）60cm

作り方　わの作り目から 7 段目までは共通の編み図で編み、8 段目からそれぞれの編み図のとおりに編む。
52 8 段目のすじ編みは向こう半目を拾い、14 段目のすじ編みは手前半目を拾い編む。
53 トップとサイドは 52 と同じで、14 段目に糸を付けてブリムを編む。このとき、1 段目のすじ編みは手前半目を拾い編む。
54 7 段目のすじ編みは向こう半目を拾い、13 段目のすじ編みは手前半目を拾い編む。

カンカン帽 ※7段目までは共通

チェーンつなぎ
ブリム
サイド
トップ

ベージュ
ブルー

段数	目数	増減数
16	74目	+11目
15	63目	+10目
14	53目	+11目
8～13	42目	増減なし
7	42目	
6	36目	
5	30目	毎段6目増
4	24目	
3	18目	
2	12目	
1	わの作り目に細編み6目編み入れる	

8 段目・14 段目すじ編み

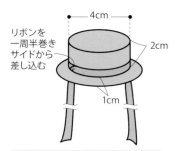

5cm
1.7cm
1cm

リボンを一周半巻きサイドから差し込む
4cm
2cm
1cm

段数	目数	増減数
15	54目	増減なし
14	54目	毎段9目増
13	45目	
7～12	36目	増減なし
1～6	カンカン帽の編み図参照	

7 段目・13 段目すじ編み

ワークキャップ

前中心
ブリム
チェーンつなぎ
サイド

ベージュ
キャンディピンク

段数	目数	増減数
4	22目	編み図参照
3	22目	+4目
2	18目	+6目
1	細編み10目に細編みのすじ編みを12目編み入れる	
8～14	42目	増減なし
1～7	カンカン帽の編み図参照	

8 段目・ブリム1段目すじ編み

5cm
1.4cm
2cm

麦わら帽子

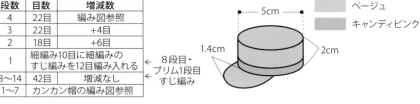

チェーンつなぎ
ブリム
サイド

ベージュ

50　51

50　51　リボンブローチ »p.24 50、29 51

糸　**50** ハマナカ ピッコロ　ショッキングピンク (22) 1g
　　51 ハマナカ 世界のコットン インドストレート　水色 (7) 1g
針　かぎ針 3/0 号、とじ針、縫い針
その他　ブローチピン (15mm) 各 1 個、縫い糸 (濃いピンク、水色)
　　　少々

作り方　
1 本体とリボン中央を編む、編み図のとおりに編み、それぞれ編み終わりの糸は約 20cm 残してカットする。
2 本体の両サイドを真ん中で合わせ、残した糸にとじ針を通して縫い合わせる。
3 リボン中央を本体に巻き、残り糸で縫い止める。
4 縫い針でブローチピンを縫い付ける。

本体
約20cm残して
カットする
編み始め
作り目＝くさり21目

リボン中央
約20cm残して
カットする
編み始め
作り目＝くさり8目

リボン中央
ブローチピン

3.5cm
2cm
0.7cm

67　ミトン »p.16

糸　ハマナカ 純毛中細　ブルー (17) 2g、ハマナカ 純毛中細
　　《グラデーション》　ピンク系 (102) 2g
針　かぎ針 2/0 号、とじ針
作り方　
1 わの作り目から編み図のとおりに編む。 指定の位置から 5 目拾って親指を輪に編む。同じものをもう 1 枚編む。
2 紐を編む。 2 本どり ((17)(102) 1 本ずつ) でくさり編み 40 目を編み、とじ針で両端にミトンを縫い付ける。

2.5cm
2cm
くさり40目
(15cm)

親ゆび
糸付け位置
● 印から5目拾う

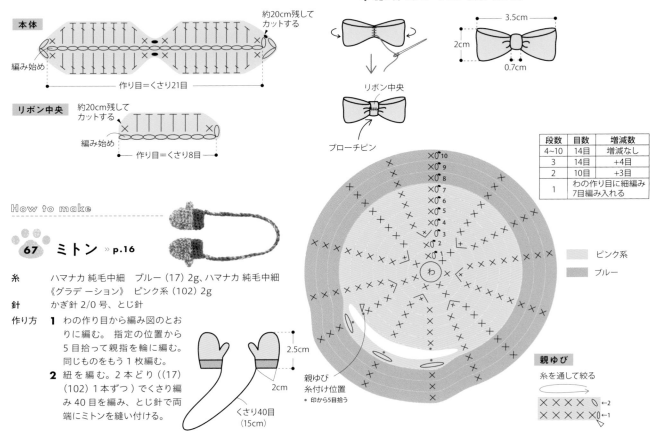

段数	目数	増減数
4~10	14目	増減なし
3	14目	+4目
2	10目	+3目
1		わの作り目に細編み 7目編み入れる

ピンク系
ブルー

親ゆび
糸を通して絞る
←2
←1

68　マフラー »p.16

糸　ハマナカ 純毛中細　ブルー (17) 2g
　　ハマナカ 純毛中細 《グラデーション》　ピンク系 (102) 6g
針　かぎ針 3/0 号、とじ針
作り方　
1 わの作り目から編み図のとおりに編む。
2 ポンポンを作る。 2cm 幅の厚紙に (17) の糸を 40 回巻き、ポンポンを 2 個作る (P.63 参照)。両端の輪はカットして形を整える。
3 マフラーの両端に、とじ針でポンポンを縫い付ける。

糸を通して絞る

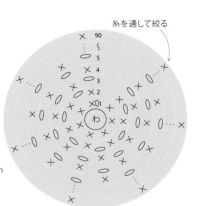

2cm
30cm（90段）

段数	目数	増減数
90	7目	-6目
3~89	13目	増減なし
2	13目	+6目
1		わの作り目に細編み 7目編み入れる

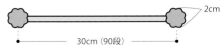

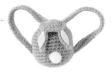

44 うさぎさんリュック 》p.3,14

糸 ハマナカ ピッコロ　水色 (12) 4g
針 かぎ針 3/0 号、とじ針
その他 手芸綿（ネオクリーンわたわた）
少々、フェルト（白 2cm 角）1 枚、
ボンテン（白 1cm）1 個、手芸用
ボンド

作り方

1 蓋を編む。わの作り目に立ち上がりのくさり 3 目と長編み 15 目を編み入れ、編み図のとおりに編む。

2 本体を編む。わの作り目から編み図のとおりに編む。編み終わりの糸は約 25cm 残してカットし、とじ針に通して蓋を巻きかがる。

3 肩紐を編む。くさり編み 71 目で作り目をして編み、毛糸をとじ針に通し中央と両端を縫い付ける。

4 本体に手芸綿を詰めてふっくらさせる。

5 飾りを付ける。蓋の耳部分にカットしたフェルトを、本体にボンテンを手芸用ボンドで貼り付ける。

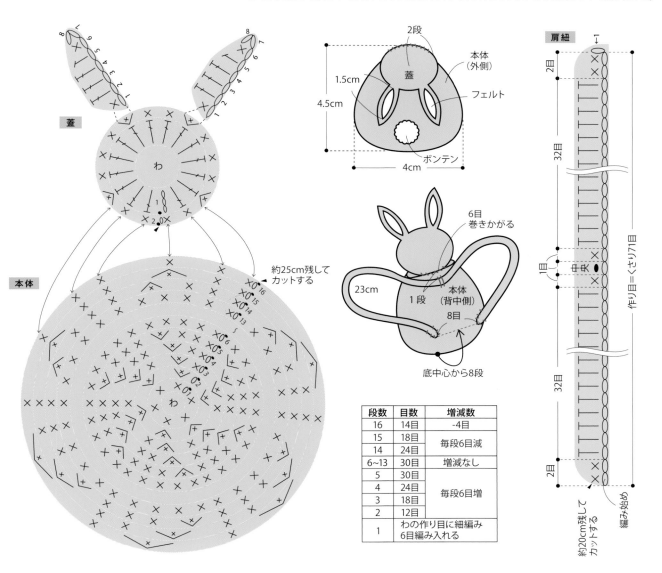

段数	目数	増減数
16	14目	-4目
15	18目	毎段6目減
14	24目	
6~13	30目	増減なし
5	30目	毎段6目増
4	24目	
3	18目	
2	12目	
1	わの作り目に細編み 6目編み入れる	

》p.18

ネックレスの作り方
手芸用ゴムひも（20cm）にウッドビーズ（黄・7mm）を 21 個通し、固結びをする。

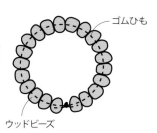

編み物星人 andeBoo

1998年にあみぐるみに出会い本格的にオリジナルのあみぐるみを編み始める。異素材の組み合わせやカラフルでちょっとトゲのあるデザインが得意。

https://nohohontoshi-made.jimdofree.com/
Instagram：@andeboo

ミドリノクマ

手芸用品メーカーに企画として12年間勤めたのち、独立してフリーのデザイナーに。あみぐるみやバッグなどの小物を中心に、編みやすいデザインを心がけている。

twitter：@midorinokuma9
Instagram：@midorinokuma9

髙際有希

クラフトニット「髙際紡糸製作所」、ドールニット「wool_wool_doll」。イベント出展、手芸書籍デザイン提供などで活動。

Instagram：@yuki_takagiwa
　　　　　　@wool_wool_doll

Miya

埼玉県にてあみぐるみ＆ニットこもの教室「ouvrir」を主宰。主な著者本は『着せかえあみぐるみDOLL』、『お菓子なあみぐるみ』(共に日本文芸社刊)など。

Instagram：@miya_amigurumi

ザ・ハレーションズ

https://instagram.com/the_halations

編集	武智美恵(ザ・ハレーションズ)	トレース	小池百合穂
デザイン	飯淵典子	編集協力	武内マリ
撮影	島根道昌　天野憲仁	校正	ミドリノクマ

素材提供　ハマナカ株式会社 コーポレートサイト hamanaka.co.jp
　　　　　TEL 075-463-5151(代)

きせかえ動物あみぐるみ

2023年 9 月10日　第 1 刷発行
2024年 1 月 1 日　第 4 刷発行

編　者　　ザ・ハレーションズ
発行者　　吉田芳史
印刷・製本所　　株式会社 光邦
発行所　　株式会社 日本文芸社
　　　　　〒100-0003 東京都千代田一ツ橋1-1-1 パレスサイドビル8F
　　　　　TEL 03-5224-6460(代表)

Printed in Japan 112230822-112231215 ⑭ 04(201107)
ISBN978-4-537-22134-3
URL https://www.nihonbungeisha.co.jp/
© The Halations 2023
(編集担当 牧野)

内容に関するお問い合わせは 小社ウェブサイトお問い合わせフォームまでお願いいたします。
ウェブサイト https://www.nihonbungeisha.co.jp/

| 編み目記号表 | 本書で使用している編み目記号の編み方です。 |

くさり編み
針に糸を巻き付け、糸をかけ引き抜く。

引き抜き編み
前段の目に針を入れ、糸をかけ引き抜く。

 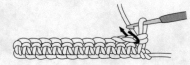  

細編み
立ち上がりのくさり1目は目数に入れず、上半目に針を入れ糸を引き出し、糸をかけ2ループを引き抜く。

すじ編み
くさり半目に針を入れ、以降は細編みと同じ。

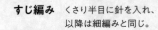
   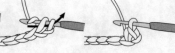

立ち上がり1目

細編み2目編み入れる
同じ目に細編み2目を編み入れる。

細編み3目編み入れる
同じ目に細編み3目を編み入れる。

2目　　1目増

細編み2目一度
1目めに針を入れ糸をかけて引き出し、次の目も引き出し、3ループを一度に引き抜く。

 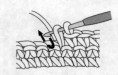  

1目減

中長編み
針に糸をかけ引き出し、さらに糸をかけ3ループを一度に引き抜く。

    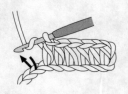

1回巻く
台の目　　立ち上がり2目

長編み
針に糸をかけ引き出し、さらに糸をかけ2ループ引き抜くを2回繰り返す。

1回巻く
台の目　　立ち上がり3目

長々編み

針に2回糸をかけ1本引き出し、さらに1回糸をかけ2ループ引き抜くを3回繰り返す。

中長編み2目一度

1目めに未完成の中長編みを編み、次の目にも未完成の中長編みを編み、5ループを一度に引き抜く。

中長編み2目編み入れる

同じ目に中長編み2目を編み入れる。

長編みの表引き上げ編み

前段の目の足を手前からすくい、長編みを編む。

長編み2目一度

矢印の位置に未完成の長編みを2目編み、糸をかけ一度に引き抜く。

長編み3目編み入れ

同じ目に長編み3目を編み入れる。

長編み2目編み入れ

同じ目に長編み2目を編み入れる。

長編み3目の玉編み

同じ目に未完成の長編み3目を編み、糸をかけ4ループを一度に引き抜く。